リーゼ・マイトナー

核分裂を発見した女性科学者

マリッサ・モス
中井川玲子 訳

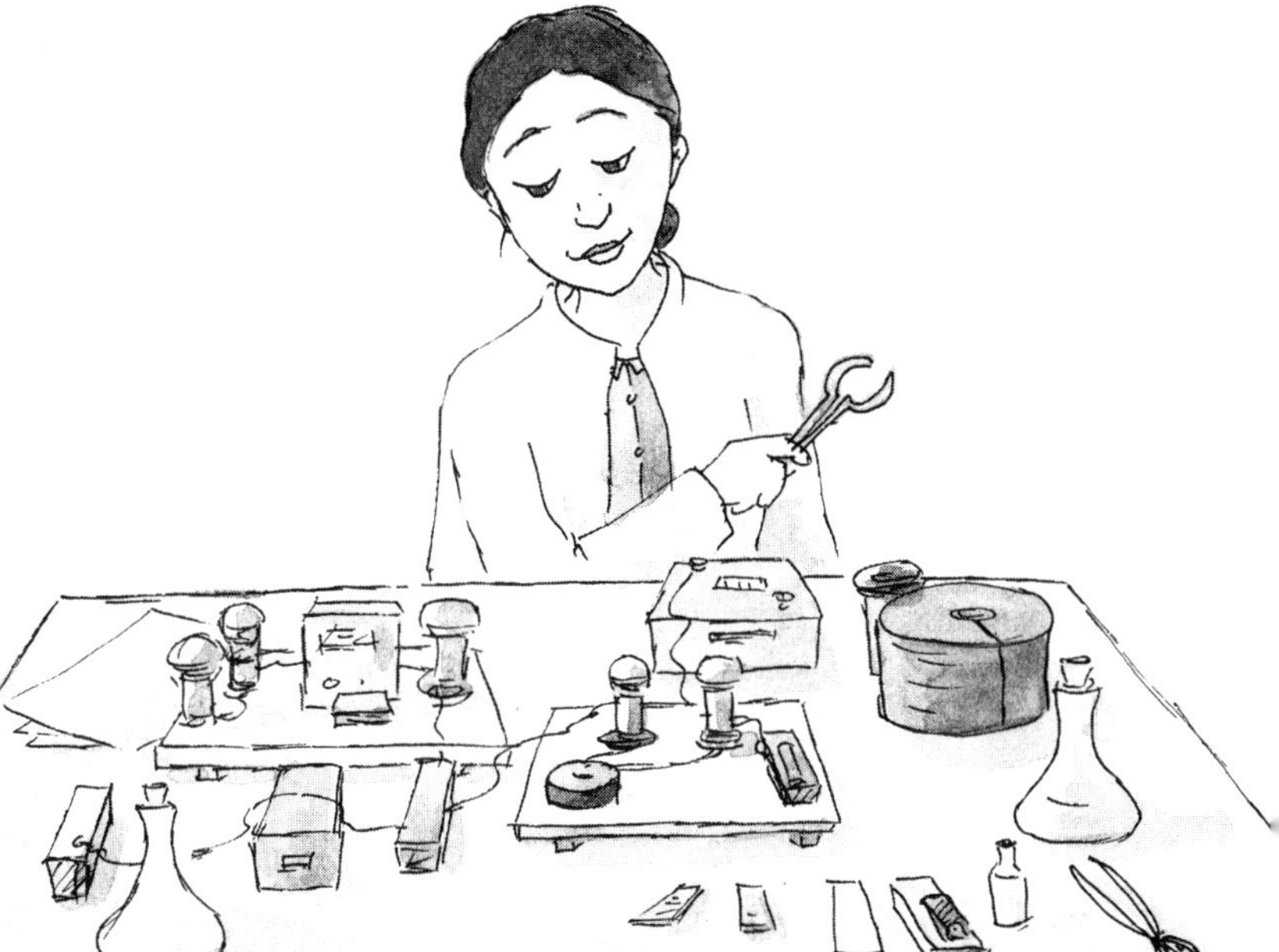

岩波書店

物理学に関わるイラストページの訳出に際して、理化学研究所の初田哲男先生にご協力をいただきました。また全体の翻訳に際して冬木恵子さんのご協力を得たことを付記します。

——訳者

THE WOMAN WHO SPLIT THE ATOM:
THE LIFE OF LISE MEITNER
by Marissa Moss

First published in the English language in 2022
By Abrams Books for Young Readers, an imprint of ABRAMS, New York
ORIGINAL ENGLISH TITLE: THE WOMAN WHO SPLIT THE ATOM

This Japanese edition published 2024 by Iwanami Shoten, Publishers, Tokyo
by arrangement with Harry N. Abrams, Inc., New York
through Japan UNI Agency, Inc., Tokyo.

ウォーレン・ヘックロットに捧《ささ》ぐ。

原子核物理学《げんしかくぶつりがく》を理解するために協力してくださったことに
心からの感謝をこめて。

　原子核物理学者のウォーレンはローレンス・リバモア国立研究所に勤務《きんむ》し、ジョン・F・ケネディをはじめビル・クリントンら五人の大統領の下でソビエト連邦《れんぽう》およびロシアとの核兵器《かくへいき》削減交渉《さくげんこうしょう》にたずさわりました。本書に登場する多くの物理学者と知り合いで、核分裂《かくぶんれつ》の歴史についての本や資料を集めた蔵書《ぞうしょ》をわたしに利用させてくれました。残念ながら、ウォーレンは原稿《げんこう》が完成する前に亡《な》くなってしまいましたが、わたしたちは彼の家のダイニングテーブルで何時間もともに過ごし、マイトナーの物語について、またその背後にある科学や人々について、さまざまな側面をいっしょに掘りさげたのです。

もくじ

第1章　手の届かない夢　7
第2章　ついに大学！　12
第3章　専門職につけない専門家　15
第4章　結婚よりもすばらしい結びつき　22
第5章　放射能という新しい科学　26
第6章　暗やみの外へ　31
第7章　戦争と科学　37
第8章　研究室にもどって　44
第9章　大戦が終わって　47
第10章　ついに教授に　51
第11章　「ユダヤ人の」物理学 対「アーリア人の」物理学　56
第12章　ヒトラーが政権をとる　62
第13章　ユダヤ人をしめ出せ！　66
第14章　ヒトラーと科学を語る　70
第15章　行くべきか、残るべきか　73
第16章　科学のナチス化　77
第17章　さらにひどくなるのか？　85
第18章　新分野、放射性物理学　88
第19章　ユダヤ人は去れ　91

第20章　パスポートの問題　98
第21章　科学者の密航　105
第22章　成功か失敗か？　113
第23章　危機一髪　117
第24章　そんなに優秀なのか？　126
第25章　原子のミステリー　130
第26章　原子が分裂！　134
第27章　その不可能は可能！　139
第28章　核分裂の力　148
第29章　アインシュタインからの手紙　156
第30章　爆弾の開発競争　160
第31章　自分の研究室　164
第32章　もうひとりの物理学者の脱出　171
第33章　ドイツの核開発計画　175
第34章　ナチスの科学者をどうするか？　180
第35章　原爆の母　190
第36章　アメリカが何をしただと??　195
第37章　アメリカでのマイトナー　200
第38章　核分裂のノーベル賞受賞者は……　204
第39章　戦後、核の平和のために　209
第40章　マイトナー本人への賞　215
そののち　220
あとがき　224
マイトナーの生涯と業績　229
物理学用語集　242
作品に関係する科学者　244
参考文献　259
写真出典　261

・巻末の「物理学用語集」または「作品に関係する科学者」に登場する用語・人名を太字にしています。
・訳者による注を〔　〕または章末の注として補いました。

第 1 章

手の届かない夢

リーゼ・マイトナーは世界的に認められた科学者です。少女のころには教育をうけるために、大人の女性になってからは能力にふさわしい仕事につくために、ずっと闘いつづけてきました。長年苦労してやっと、まともな物理学者としてあつかわれるようになったのです。

マイトナーは子どものころ、女性は科学者になれないと思っていました。

リーゼ・マイトナーは、自分をごくふつうの女の子だと思っていました。ただ、眠《ねむ》っているあいだに数式が頭に入るとでもいうのか、枕《まくら》の下に数学の本をおいて寝《ね》てしまうような女の子ではありました。小説や詩を読む姉や妹とはちがい、マイトナーが読むのは二次方程式《じほうていしき》、円錐《えんすい》の体積の求め方、放物線グラフの書き方について書かれている本でした。頭の中に疑問がいっぱい浮《う》かぶと、その答えを知らずにはいられません。

両親はマイトナーの好奇心《こうきしん》をたいせつにしました。八人の子どもたち全員に、世界に目をむけ、自分がやりたいと思ったことをやってほしいと願っていました。両親にとって、一九世紀後半のウィーンはすばらしいところでした。母はスロヴァキア〔当時はハンガリーの一部〕、父はモラヴィア〔当時はオーストリア、現在はチェコ共和国の一部〕の出身です。当時、ユダヤ人は簡単に暮《く》らし、働き、学ぶことができませんでした。けれどもオーストリアでは、住むのはユダヤ人居住区《きょじゅうく》であるゲットーでしたが、ユダヤ人にも新しい扉《とびら》が開かれていたのです。マイトナーの父は、ユダヤ人でありながら初めて弁護士になったひとりでした。

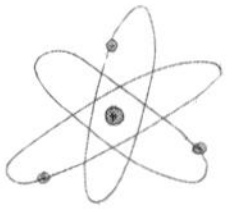

ただし、ユダヤ人に寛大《かんだい》といっても、それは男性だけの話です。大学へ行き、知的な職業につくのは息子たちであり、娘《むすめ》たちではありませんでした。

それでも、マイトナーはできるかぎり学びました。たとえば、水たまりに浮かぶ油の色の変化を観察しました。そして、水たまりで光が反射するのに気づいたのです。この世界の現象《げんしょう》がどのようなしくみになっているのか、つぎつぎに疑問がわいてきます。水たまりに浮かぶあの油の膜《まく》はいったいどうやってできるのでしょう？　どうして光が反射するのでしょう？　一滴《てき》、二滴と、水を分けられるのはなぜ？　そもそも、水滴《すいてき》が集まって水になるのはどうして？

「そんなふうに、知りたくなることがこの世界にはたくさんあって、わくわくしました」と、のちにマイトナーは子ども時代をふりかえって書いています。

そして、わいてくる疑問の答えを得るために、マイトナーは高等教育を受けたいと思いました。けれども、一九世紀後半、ヨーロッパのほとんどの国では女子が大学進学につながる学校に通うことはありませんでした。なぜわざわざ教育なんかする？　女の子は家事と育児の仕方さえわかればいいのに、という時代だったのです。ウィーンでは、女子は勉強する能力に欠けるだけでなく、学校にいると男子の気が散《ち》る原因になると思われていました。ウィーン大学は、「女性が在学すれば、大学の校風が損《そこ》なわれるため、組織にとって脅威《きょうい》である」とはっきり言っていました。

マイトナーには、自分のせいで人の気が散るとは思えませんでした。自分のことを魅力的《みりょくてき》だとはだれも言わないでしょう。そんなことはどうでもいいのです。そもそも夫がほしいわけではないのですから。ただ、弟たちと同じように、勉強したかっただけでした。

両親はマイトナーを応援《おうえん》しました。母は独学をすすめ、「お父さんやわたしの話をよく聞きなさい。でも、考えるのは自分ですよ」と言いました。父は参考になるよう自らの経験を話し、自分が弁護士になれたのだから、マイトナーも望む勉強をできるはずだとはげましました。そして、父と同じくマイトナーにも幸運が訪《おとず》れます。一八九七年、マイトナーが一九歳《さい》のとき、オーストリアの法律がかわり、女性の大学入学が許されたのです。しかし、女性たちはまず、マトゥーラと呼《よ》ばれるむずかしい高等学校卒業試験に合格しなければなりませんでした。実際に学校に通ったわけではないのに。

まず姉のギーゼラが受験準備を始め、マイトナーもすぐあとに続きました。ふたりはギリシャ語、ラテン語、数学、物理学、植物学、動物学、鉱物学、心理学、論理学、文学、歴史学を勉強しました。朝、目ざめるとすぐとりかかり、夜、つかれはてて目をつむるまで、ひたすら本を読みつづけました。マイトナーの弟や妹たちは、「お姉ちゃんが本をもたないで部屋を通った」から、試験に落ちるとからかいました。マイトナーは必死でした。これはチャンスです。逃《のが》すわけにはいきません。

まずギーゼラがむずかしい試験に合格し、医学部に入学しました。父は、受験勉強を終えたマイトナーに姉と同じ道は選ばないようにと言いました。極端《きょくたん》なまでに男社会である医学の分野に、娘がふたりとも進むのを心配したのです。マイトナーはもともと医学に興味はありませんでした。興味があったのは物理学です。世界のしくみを探求《たんきゅう》したかったからですが、物理学が実社会で役だつとは思っていませんでした。医学のほうが立派《りっぱ》で役だちそうに思えました。

父からは自分がほんとうに興味がある分野に進めと言われ、マイトナーはほっとしました。若い女性が知的な職業につくことはむずかしいと、父はわかっていたのです。この先、多くの障害《しょうがい》に立ちむかうには、専門《せんもん》分野を心からだいじに思い、その分野で自分の権利のためにつねに闘《たたか》いつづけようとしなくてはなりません。厳《きび》しい高等学校卒業試験は、その最初のハードルにすぎなかったのです。

第 2 章

ついに大学！

14 人の女性がウィーン大学を受験し、4 人が合格。マイトナーもそのひとりでした。1901 年、大学に入学したマイトナーは、心のおもむくままに物理学を学ぼうと決めました。ところが大学では自分がまったく場ちがいに感じ、こわくて一言も話せませんでした。それまで男子といっしょの学校に通ったことも、人前で発言したこともなかったのです。

教授の多くは、女子学生たちの入学を喜んでいませんでした。
けれど、マイトナーがとった科目のほとんどを担当していたルートヴィヒ・ボルツマン教授はちがいました。
教授自身の娘もマイトナーの同級生でした。
この教授の講義では、自分が受けいれられているとマイトナーは感じました。それよりもとにかく、ボルツマンは教師としても物理学者としても、とても優秀でした。

マイトナーはルートヴィヒ・ボルツマンの講義《こうぎ》について「あんなに美しくて刺《し》激的《げきてき》な講義はほかにない」と振《ふ》り返《かえ》っています。「とにかく熱い思いをもって教えられるので、毎回講義が終わると、わたしたちはまったく新しい、すばらしい世界を見せられたと感じて教室を出ました」。ボルツマンが話すと、もじゃもじゃの長いあごひげがゆれ、雷《かみなり》のようにとどろく声が学生たちをひきつけました。そして、教える内容がじつに魅力的《みりょくてき》だったのです。ボルツマンはいち早く原子《げんし》の存在《そんざい》を信じた科学者ですが、当時著名《ちょめい》だった物理学者の多くはこれを馬鹿にしました。「原子が見えるか？　見えないものをどうやって信じろというのだ？」。ボルツマンから論争のようすを聞いて、マイトナーは、科学は客観的なふりをしているが、しばしば人間の偏見《へんけん》にもとづいて形づくられるものだとわかりました。そして、自分もボルツマンと同じ道を進みたいと思いました。希望的観測を立証するのではなく、未知《みち》の何かを発見したくてたまらなかったのです。

ボルツマンはマイトナーの才能を認《みと》めていました。頭の回転が速く、研究も綿密《めんみつ》でていねい

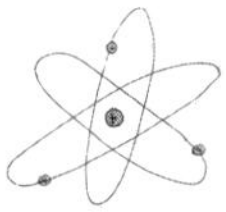

だと。マイトナーは、木と森の両方を見る並はずれた能力をもっていました。ボルツマンは、マイトナーに大学院への進学をすすめました。のちにマイトナーの甥《おい》がこう言っています。「ボルツマンは彼女に、物理学の世界を、究極《きゅうきょく》の真理《しんり》を追いもとめる闘《たたか》いなのだと示しました」。マイトナーはその闘いにいどみたかったのです。

第 3 章

専門職につけない専門家

マイトナーはまず最初に、ウィーン大学で博士号を取得するという勝利をおさめました。この大学から物理学で博士号を取得した、ふたりめの女性です。ところが、すばらしい学位があっても、女性と仕事をしたがる人はいませんでした。マリー・キュリーにさえ、ことわられたのです。

そこでマイトナーは、ひきつづき大学の古い研究室で研究を続け、実験装置をつくりました。当時の物理学者はみなそうでしたが、マイトナーも試行錯誤で道具をそろえていきました。

装置ができあがると、達成感でわくわくしました。これで、水滴よりはるかに小さい、目で見えないものの研究に何時間でも集中できます。
マイトナーは科学の新しい分野である放射能の研究に専念し、アルファ線やベータ線といった放射線が、いろいろな金属によってどう吸収されるか、その違いを測定しました。これは、マリー・キュリーがパリでとりくんでいたような最先端の研究でした。

マイトナーはひとりで研究を続け、**アルファ粒子《りゅうし》**の拡散《かくさん》*を測定する方法を考え出しました。たいへん重要なその研究結果は、一九〇七年に科学雑誌《ざっし》に掲載《けいさい》され、このときマイトナーはまだ二八歳《さい》でした。けれども、これで評価が高まったとはいえ、ウィーンでは女性の物理学者に未来はなかったのです。だれもが同じことを言いました。「ベルリンに行きなさい」と。物理学の重要な研究はすべてベルリンでおこなわれていました。ベルリンに行けば、同時代の偉大《いだい》な物理学者にも直接会えるかもしれません。

マイトナーは以前、ベルリンからウィーンへ講演《こうえん》をしに訪《おとず》れた大学教授、**マックス・プランク**に会ったことがありました。プランクは、マイトナーと同じく放射能《ほうしゃのう》の研究をしていました。話がうまい人ではありませんでしたが、すばらしい研究をしていました。プランクの専門《せんもん》は、量子物理《りょうしぶつり》学《がく》という刺激的《しげきてき》な新しい分野です。それだけで、みんなにすすめられたベルリン行きを決めるにはじゅうぶんでした。マイトナーの父は「すばらしい勇気だ」と感心して、いつものようにマイトナーを応援《おうえん》しました。そして、有給《ゆうきゅう》の職を見つけるまで、金銭的《きんせんてき》にもささやかな支援《しえん》をしてくれました。マイトナーは「Ｌ・マイトナー」という名前で科学雑誌の記事の執《しっ》筆《ぴつ》や翻訳《ほんやく》をしてお金をかせぎましたが、リーゼ・マイトナーの名を出すことはありませんでした。

Ｌ・マイトナーの署名《しょめい》記事に感心したブロックハウス百科事典の出版社が、放射能に関する執筆を依頼《いらい》してきました。マイトナーは、これで定期的に収入《しゅうにゅう》が得られる仕事ができるようになる、と思いました。ところが、この会社は、「Ｌ」が「リーゼ」の略だとわかったとたん、この依頼をとりさげてしまいました。「女性が書いた文章の出版など論外《ろんがい》」だったのです。

その百科事典には一度も執筆しませんでしたが、マイトナーはそれからも「Ｌ・マイトナー」の署名で記事を書きつづけました。そうしてかせいだわずかなお金と父からの援助《えんじょ》で暮《く》らしていたのです。フルネームのかわりにイニシャルを使って書けば、性別はごまかせます。けれども、だれの目にも彼女が男でないとわかるベルリン大学では、もっと困った問題がありました。

一九〇七年当時、ベルリンは科学の分野ではウィーンより進歩していましたが、女性の待遇《たいぐう》については遅《おく》れていました。ドイツ全土ではまだ女性の大学入学が認《みと》められておらず、ベルリン大学が正式に門戸《もんこ》を開くのは翌《よく》一九〇八年の夏になってからでした。そうとは知らずにキャンパスに足を踏《ふ》みいれたマイトナーは、すぐに教授も学生も男性しかいないことに気がつきました。身長一五〇センチあるかないかの小柄《こがら》なマイトナーが不安になるのも無理はありません。変わり者の女子学生とみられることには慣れているつもりでしたが、ベルリンでの状況《じょうきょう》はウィーンよりもひどく、男性たちの視線《しせん》は突《つ》きささるほどでした。マイトナーは、よそ者としてまったく歓迎《かんげい》されていない、と痛感《つうかん》しました。もともと内気《うちき》な性格が、「人と接するのが恐怖《きょうふ》になりそう」なくらいひどくなり、ここにいてはいけないと、おそろしくなりました。「当時は女子教育が発展しはじめたばかりでしたから……科学者になれるかどうか、とても不安でした」と、のちに語っています。

大学の校舎はみごとな柱が立ちならぶ昔の宮殿《きゅうでん》で、マイトナーが中に入るのをためらっていると、目の前をひとりの女性が歩いていきました。**ゲルタ・フォン・ウビッシュ**という物理学を学ぶ学生で、教授たちを説得して講義《こうぎ》を聴講《ちょうこう》させてもらっているというのです。学位はとれませんが、学ぶことはできるというわけです。ウビッシュはマイトナーにもそうしてはどうかとすすめました。このほんの小さなできごとで、マイトナーはもう何もこわくなくなりました。どんなに場ちがいに感じても、女子学生はひとりではないとわかったのですから。

マイトナーは、まずマックス・プランクに会って、教室で講義を聴《き》かせてほしいとたのみました。口ひげをたらし、ぴかぴかの頭で細い目をしたプランクは厳《きび》しそうで、歓迎してくれるようには見えませんでした。ところが、とてもやさしい返事をくれたのです。

「先生はとても快《こころよ》くわたしのたのみを受けいれ、それからまもなく自宅に招待《しょうたい》してくださいました。そして、わたしが初めてたずねたとき、「君はもう博士号をもっているじゃないか。これ以上何を望むのかね？」とおっしゃいました。わたしが、物理を真に理解したいと答えると、二言三言やさしい言葉をかけてくださっただけで、それ以上追及《ついきゅう》されませんでした。当然、女子学生をあまり高く評価されていないのだろうと、わたしは思ったし、当時のことだからほんとうにそうだったのかもしれません」。

実際、その一〇年前に、プランクの女性学者に対する考えが記録されています。学界における女性についてどう思うか、ベルリンのジャーナリストが百人の教授に質問した記事が出版されているのです。なかには、女性も学問ができるように認めることを強く支持する意見もありました。この人たちは、「女性を大学から締め出《しだ》すのは、あまりにも長いあいだ続いてきた不公平である」と考えていました。そのいっぽうで、女性は大学の教育的使命をおびやかすと考え、強硬《きょうこう》に反対する意見もありました。女性の知性はかぎられていて、入学を許したら、講義のレベルを落とさなくてはならないというのです。プランクはそこまで極端《きょくたん》ではありませんでしたが、女性が学生としてきちんとやっていけるかどうかは疑《うたが》わしいと考えていました。まれに科学を理解できる女性、いわゆる「男まさり《アマゾン》」の例外はいても、そもそも学問は女性の「本質」に反している、というのがその見解でした。

プランクは、マイトナーをそのような変わった例外のひとりと考えていたのでしょうか。とにかく、プランクはこのあと長年にわたってマイトナーをはげましましたが、プランクにとって、そんな女性はマイトナーだけでした。けれども、マイトナーが最初に乗りこえなければならない壁はプランクだけではありません。実験をするための場所が必要でした。そこで、勇気をふりしぼり、実験物理学の研究所の所長である**ハインリヒ・ルーベンス**教授に、研究を続けるため実験室を使わせてもらえないかと相談しました。

ルーベンスは自分の実験を手伝う、無償《むしょう》の助手になってはどうかと提案しました。しかし、マイトナーは自分の興味関心に従《したが》って研究し、自分の実験をおこないたかったのです。失礼にならないことわり方を考えていると、ルーベンスが、若い化学者オットー・ハーン博士がマイトナーとの共同研究に興味をもっていると話しはじめました。ハーンはマイトナーが放射能研究をしていると知り、マイトナーが発表したものを読んだというのです。ちょうどそのとき、ハーン本人が部屋に入ってきました。マイトナーにとって願ってもない偶然《ぐうぜん》でした。そして、ハーンにとっても。

＊ アルファ粒子の拡散——放射線《ほうしゃせん》の一種であるアルファ線はアルファ粒子の流れである。マイトナーは、アルファ粒子が物質を通過するときに単に吸収《きゅうしゅう》されるだけなのか、それともある程度拡散するのかとい

う問題にとりくみ、この拡散が金属原子《げんし》の原子質量《しつりょう》とともに増加することを発見した。のちに、**アーネスト・ラザフォード**がアルファ拡散を手がかりに原子《げんし》核《かく》を発見した。

第4章

結婚よりもすばらしい結びつき

ハーンはマイトナーと同い年で、その気さくな人柄にマイトナーはすぐうちとけることができました。ハーンもまた放射能の研究をしていました。そして何より、えらそうなふるまいや堅苦しい態度がなく、いばりちらしもしませんでした。

ハーンは、マイトナーが女性でも、まったく気にしなかったのです。研究所のほかの化学者たちは、彼の研究内容がさっぱり理解できませんでした。放射能の研究はとにかく始まったばかりで、ベルリンで研究している科学者はほんのわずかだったのです。彼は、マイトナーに出会えて幸運だと思いました。

ハーンは魅力的で人づきあいがうまく、そこがマイトナーとまったくちがいました。それに野心家でもありました。放射線の研究には、自分の実験をきちんと確認し、解釈してくれる物理学者が必要だとわかっていたのです。
マイトナーは頭がよく、放射能の最新情報にくわしい物理学者です。ハーンは、この人ならたよりになると感じました。
そして、マイトナーもまた同じ気持ちでした。ハーンは大声で命令したり彼女を召使いのようにあつかったりはしません。さげすんだり、からかったりせず、女性としてではなく、物理学者としてあつかったのです。だからこそ、ハーンは完璧なパートナーでした。1907年秋のその日、ふたりの30年以上続く協力関係が始まりました。

ルーベンスはふたりの共同研究に同意しました。でも、ひとつ問題がありました。ハーンのいる化学研究所は女性の立ち入りを禁止していたのです。長い髪《かみ》が火事の原因になるとされ、話しあうこともできませんでした。なんとしても放射能《ほうしゃのう》についてよく知っている人といっしょに仕事をしたかったハーンは、妥協点《だきょうてん》を探《さぐ》りました。そもそもマイトナーは髪を後ろできちんとまとめているのです。ハーンがしつこくたのみつづけ、とうとう、マイトナーがひとりで仕事ができる地下室の一室ならよいという許可が出ました。男性たちが働く正規《せいき》の研究室には入れなくても、古い木工作業所をきれいにすれば、自分で実験装置《そうち》をつくることができるのです。みんなとはべつの通用口から入り、トイレは通りに出て近くのレストランやホテルですませなくてはなりません。もちろん、正式な職ではなく、報酬《ほうしゅう》も出ません。それでも、ハーンはこれを大勝利だとみなしました。

マイトナーは、この申し出に飛びつきました。自分の実験室こそ、何よりもほしかったのです。父からの援助《えんじょ》と翻訳《ほんやく》でかせぐわずかなお金で、なんとか生活はできるでしょう。そして、たとえ「本物」の研究室が立ち入り禁止でも、(全員男性である)研究者たちが進行中の研究について話し、研究成果を発表し、発見を分かちあうセミナーへの参加が許されたのです。科学者の世界の一員になれるのです。それだけでじゅうぶんでした。

毎週水曜日におこなわれる定例の物理学セミナーで、マイトナーは大勢のすぐれた若い物理学者と出会い、その多くとよい友人になりました。彼女はつぎのように書いています。「たぐいまれな、若い物理学者の集団でした。のちにそのなかの五人がノーベル賞を受賞したという、優秀《ゆうしゅう》な科学者ぞろいであっただけでなく、みな人柄《ひとがら》もすてきだったのです。だれもが協力しあい、他者の成功を喜びました。このような輪の中に親しみをもってむかえられたことが、わたしにとってどういう意味をもつか、おわかりいただけるでしょう」。そのセミナーでは、マイトナーもみんなと同じく、世界のしくみを探る物理学者の仲間のひとりでした。またこの研究所以外でもベルリン大学では、エファ・フォン・バールやエリザベス・シーマンといった女性科学者にも出会いました。研究所で、そして大学で、マイトナーは生涯《しょうがい》続く友情をはぐくみました。予想もしなかったことでした。

翌年《よくねん》、大学や研究所に女性が入ることが正式に認《みと》められるようになり、女子トイレが設置され、マイトナーはトイレを使うために通りを歩かなくてすむようになりました。また、仕事は地下で続けるしかなかったのですが、ついに正規の研究室への立ち入りが許されました。給料をもらえる職にはつけず、実験装置も手近なものでつくった、間にあわせの研究室でしたが、ひとりぼっちでも、大きな世界の一員になれたと感じていました。物理学への扉《とびら》が自分にむかってわずかに開いたのですから、なんとしてもそこへ入りこもうと決意を固めていました。そしてマイトナーは、ボルツマンが彼女こそ見つけるにちがいないと信じた、真理《しんり》を発見することになるのです。

第 5 章

放射能という新しい科学

放射能の研究は、当時まだ始まったばかりでした。マイトナーもハーンも実験材料のとりあつかいに何の注意もはらっていませんでした。放射性物質は段ボール箱で届き、素手であつかっていたのです。

頭痛がちで、やけどをすることもあったのに、それがふつうだと思っていました。

放射能の研究でノーベル賞を2度受賞したキュリー夫人は、ラジウムの試験管をポケットに入れて運びました。

そして、放射線被ばくが元で亡くなりました。

マイトナーは被ばくのおそろしさを知りませんでした。ハーンとともにベータ粒子を研究するのに夢中でした。

後年、物理学者エンリコ・フェルミのグループは、さまざまな元素に中性子を照射する実験を行い、その結果を発表しました。中性子をウラン元素にぶつけることで新しい元素が生成されていると、当時の科学者は考えていました。のちに、ほんとうは何が起きているのかをマイトナーが明らかにするまで、それがまちがいだとは思いもしませんでした。

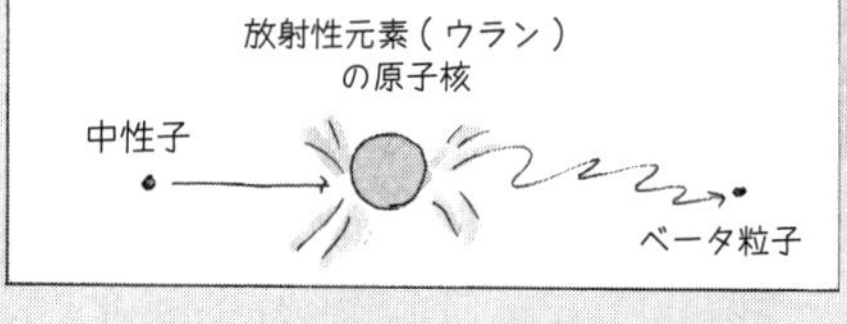

ハーンとマイトナーは、緊密《きんみつ》に協力しあって仕事をしながらも、距離《きょり》を保つよう気を配っていました。ハーンが、マイトナーをひとりの女性として見ることはありませんでした。とはいえ、彼女は男性の同僚《どうりょう》ともちがいます。マイトナーは、プランクのいう「男まさり《アマゾン》」にあたる、独自の立ち位置にいて、当時の一般的《いっぱんてき》な女性たちとはかけはなれた存在《そんざい》でした。ハーンは、のちにこう書いています。

研究室の外で親密《しんみつ》な関係になろうなどとはまったく考えませんでした。リーゼ・マイトナーは、厳格《げんかく》なお嬢様《じょうさま》育ちで、とてもひかえめで、恥《は》ずかしがり屋でもあり……。長年、公式の場以外では彼女と食事をしたこともありませんでした。また、いっしょに散歩をすることもありませんでした。物理学セミナーに出席したとき以外は、地下の木工作業所で会うだけだったのです。ふたりともたいてい夜の八時近くまでそこで働いていたので、どちらかが、店が閉まる時間までにサラミやチーズを買いにいかなければなりませんでした。

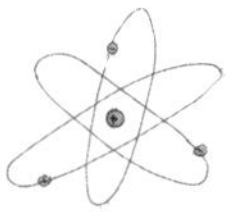

その夕食をそこでいっしょに食べたこともありません。リーゼ・マイトナーはひとりで家に帰り、わたしもひとりで家に帰りました。それでも、わたしたちはとても親しい友人だったのです。

ふたりはおたがいのあいだに慎重《しんちょう》に線を引いていました。マイトナーは、女性としてではなく、科学者として見てもらいたかったのです。そして、ハーンにとっては、彼女は冗談《じょうだん》を言いあう相手でも世間話をする相手でもありませんでした。マイトナーの友人たちは、彼女の知性、集中力、物理学への献身《けんしん》を称賛《しょうさん》しました。それ以外の面で彼女に注目する人はいませんでした。マイトナー自身も自分には科学しかないと思っていました。そんなマイトナーにとって、ハーンはまさにうってつけのパートナー。おたがいの研究について延々《えんえん》と話しあえる相手であり、**放射性崩壊**《ほうしゃせいほうかい》が何かを理解し、**ベータ粒子**《りゅうし》に夢中になっている人だったのです。

ふたりはとても長期にわたっていつもいっしょに研究していて、その関係はまるで仕事上の結婚《けっこん》でした。その長年のあいだには、マイトナーはハーンに、きわめて個人的なことを記した手紙も書きました。ハーンも家庭や仕事の悩《なや》みを手紙に書き、研究の解釈《かいしゃく》についてはマイトナーにたよりきっていました。ハーンは、マイトナーがいて初めて、科学者として一人前に実験結果の背後にある意味を読みきることができる実験者だったのです。確かに、化学者としての観点で結果を理解し、発生した元素《げんそ》や粒子を特定することはできました。けれども、原子核《げんしかく》の中で何が起きているのか、そして何が「新しい」元素や粒子を発生させたのかは物理学の問題で、ハーンにはまったくわかりませんでした。いっぽうでマイトナーも、ハーンがいなければ、これほど多くの実験はできなかったでしょう。また、マイトナーの論文《ろんぶん》にハーンの名もあれば、それだけで信用もされました。まるで結婚のように、ひとりではとてもできなかった重要な仕事をふたりで成《な》しとげたのです。そしてまた結婚と同じように、やがてむかえることになった別れはやっかいで複雑なものになり、すっきりした終わりにはなりませんでした。

ハーンは教授になりました。でも、マイトナーは無給《むきゅう》の助手のまま、科学論文を英語からドイツ語に翻訳《ほんやく》してなんとか暮《く》らしていました。マイトナーは、安上がりに生活する達人でした。少食で、服もほとんど買いません。とにかく、研究室さえあればよかったのです。もし、そこで寝泊《ねと》まりを強《し》いられたら、そうしたことでしょう。

マイトナーは、ハーンとの連名で、ベータ線に関する数多くの論文を発表しました。主要なものだけでも、一九〇八年に三本、一九〇九年に六本、その後三年間で一四本の論文を発表しました。ハーンが自分の正規《せいき》の研究室で実験をおこない、そして、マイトナーがその結果を解釈し、論文にしたのです。ふたりで新しい放射性物質《ほうしゃせいぶっしつ》を発見し、放射能に関する科学界の理解を広げました。

国家と企業《きぎょう》が初めて共同出資《しゅっし》してカイザー・ヴィルヘルム協会を設立し、この協会がいくつもの科学研究所をつくることになりました。そして、ふたりの研究はたいへん注目されたため、一九一二年にカイザー・ヴィルヘルム化学研究所が新設されると、近代的な新しい部屋を使えるようになりました。放射性物質用の保護ケースや、実験による汚染《おせん》を防ぐための表面が清潔な実験台も備えられた研究室です。より健康的な環境《かんきょう》で仕事ができるようになり、たびたび起きていた頭痛もなくなりました。そして何より、その一年後、三五歳《さい》になったマイトナーは、わずかな給料ではあったものの正式に科学研究員として採用されたのです。

マイトナーは、自分は物理学者だとしか思っていませんでした。「わたしは物理学を心から愛しています……。それは、人間に対する愛情と同じで、いろいろ感謝している相手に愛情を抱《いだ》くようなものです」。マイトナーの世界は研究室の中でした。そして今、その研究室は光にあふれ、清潔で、風通しのよい場所になったのです。暗い地下室での日々は終わりました。

第 6 章

暗やみの外へ

アーネスト・ラザフォードは1908年にノーベル化学賞を受賞した帰り道、有名なハーンとマイトナーのチームをたずねてベルリンに立ちよりました。

マイトナー博士、ラザフォード博士にあなたを紹介しましょう。わたしはカナダで彼の助手をしていたんです
博士、こちらがマイトナー博士。わたしがいっしょに研究している物理学者です
おや、てっきり男性だと思っていました！

マイトナーはこんなことに慣れていました。たいていは無視されていたからです。研究所の人たちは、マイトナーの姿は見えないとでもいうように、ハーンだけにあいさつをしました。

マイトナーは、わずかな給料でなんとか暮らしてはいけました。そして、男性のハーンが表に出て、部内の会議で自分たちの研究を発表できました。

それでも、彼女はここに所属できていない気がしました。

「ときどき勇気がなくなります。わたしの人生は、とても不安定で、ずっと心配をくりかえし、自分が例外であると感じ、絶対的な孤独におそわれ、耐えられなくなりそうです」。

マイトナーは女性の友人たちによく手紙を書きましたが、そのなかのだれも、彼女のような物理学者ではありませんでした。彼女たちがあきらめた道を、マイトナーは進みつづけていたのです。

マイトナーは、物理学の実験や学会への参加ができるようになり、つねに新しいことを学び、すぐれた科学者に出会っていました。そのひとり、**アルベルト・アインシュタイン**は、マイトナーと同い年でしたが、三一歳《さい》で当時すでに有名でした。初めて会ったのは一九〇九年、オーストリアのザルツブルグで開かれた学会でふたりが講演《こうえん》したときでした。マイトナーはほかの物理学者たちといっしょでした。みな、刺激的《しげきてき》な新理論をとなえていた若き特許庁《とっきょちょう》事務員アインシュタインの話を聞きにきていました。マイトナーが先に発表をおこないました。いつものように、ただひとりの女性講演者です。テーマは、ラジウム系列《けいれつ》におけるベータ放射体《ほうしゃたい》の新しい種類についてでした。マイトナーは落ちついてはっきりと熱をこめて話し、まるであのボルツマンの講義《こうぎ》のようでした。物理学への愛が恥《は》ずかしさを克服《こくふく》したのです。最前列にすわっていたアインシュタインは、盛《さか》んに拍手《はくしゅ》を送りました。マイトナーは、めずらしく笑《え》みをうかべ、顔を輝《かがや》かせました。

アインシュタインは、スイスのベルンでの特許事務の仕事をやめたばかりで、これが初めて

依頼《いらい》された講演でした。アインシュタインはまるで友人たち（とても頭のよい友人たち）との会話のように話し、彼の考える運動の本質について説明しました。光の速度以外、宇宙におけるあらゆる運動は相対的《そうたいてき》だというのです。そして、日常生活での例もあげました。たとえば、駅で止まっている列車の中にすわっているときに、べつの列車がすれちがうと、自分はじっとしているのに、まるで乗っている列車が動いているように感じます。重さもやはり同じで、速度によって感じ方がかわります。アインシュタインは、日常生活の例として、全速力で人にぶつかった子どもは実際のそれぞれの体重よりも重い衝撃《しょうげき》を感じる、たとえば実際二〇キログラムでも五〇キログラムのように感じることを説明しました。そして、「物質は凝縮《ぎょうしゅく》されたエネルギーと考えるべきだ」と言いました。

マイトナーは実験と結果について語り、アインシュタインは理論について話しました。そして、アインシュタインの二回目の講演は、質量《しつりょう》がエネルギーのひとつの形（その逆もいえる）であるという内容でした。のちに世界的に有名になる関係式から導《みちび》き出《だ》したとおりです。「光の速度は非常に大きいので、わずかな質量でもその速度の二乗をかけたものは、莫大《ばくだい》なエネルギーになります。mを質量、Eをエネルギー、光速をcとすると、$E=mc^2$と表せます」。アインシュタインの代名詞《だいめいし》となった関係式は、このとき初めて公《おおやけ》にされたのです。しかし、会場の拍手はまばらでした。だれもその話の意味がわからず、単純そうに聞こえる理論そのものもわからなかったのです。

マイトナーは、「わかりそう！ と思った」と書いています。実際、部分的には理解できました。「その当時、わたしはもちろんまだ彼の相対性理論《そうたいせいりろん》の意味を完全にはわかっておらず、時間と空間に関する概念《がいねん》を画期的《かっきてき》に変えるものになるなどとも思ってはいませんでした。けれども、この講演のなかで、彼は相対性理論について説明し、根本的に質量とエネルギーは同じ価値をもつと示したのです。この理論は、あまりにも新しくて驚《おどろ》いたので、今でもその講演をよく覚えています」。実際、マイトナーは、ほんとうに必要だったときにこの理論を思い出したおかげで大発見ができたのです。

講演が終わると、物理学者たちはアインシュタインにさらなる説明を求めました。「質量にエネルギーがあるとは、石炭が燃えて熱を出すようなことでしょうか」。そうではないと、アインシュタインは説明しました。「考えているのは原子《げんし》レベルの話であり、もし原子の中心の中身にふれることができれば、膨大《ぼうだい》なエネルギーが放出される。だが、原子の中心、つまり原《げん》子核《しかく》を分割《ぶんかつ》はできないので、その力は理論上のものにすぎないのだ」。ほかのみんなと同じように、マイトナーもその言葉に納得《なっとく》しました。原子の中には膨大なエネルギーが秘《ひ》められていても、それを放つ方法はないというのです。そのエネルギーは永遠に原子から出てくることなどないというのでした。

一九一三年、アインシュタインはプランクからプロイセン科学アカデミーの役職に招かれ、翌年《よくねん》ベルリンに移りました。これで、マイトナーは毎週開かれる定例セミナーでアインシュタインと話ができます。その前年、プランクは、ベルリン大学でマイトナーにとって初めてである有給《ゆうきゅう》の仕事をあたえました。でもそれは教授としてではなく、プランクの理論物理学《りろんぶつりがく》研究所の助手としてでした。そのころ、すでにマイトナーは放射能の研究で国際的によく知られていましたが、ほかの教授のために試験や論文《ろんぶん》の採点をする仕事しかあたえられませんでした。プランクは、正教授の地位をあたえたかったのですが、それまで女性がその地位についたことはありませんでした。女性が助手になる時点で革命的《かくめいてき》だったのです。

「それは、すばらしい人物で偉大《いだい》な科学者であるプランク先生のもとで働く機会というだけでなく、わたしの科学者としてのキャリアへの入り口でもありました。多くの科学者の目に、研究活動が公認《こうにん》されたのだとうつり、女性研究者に対する当時の多くの偏見《へんけん》を克服する大きな助けとなりました」とマイトナーは書いています。

こうして、マイトナーは、研究を続けるにはたいへんな負担を背負うことになりました。ときには一週間に二百件以上の課題を採点し、そのあいだにも自分の研究をこなし、水曜日のセミナーに出席しつづけ、論文も発表していたのです。それでも、どれも重荷には感じませんでした。それどころか、わくわくしていました。そして、いつか自分も重要な発見をしようと決意を固めていたのです。

第7章

戦争と科学

1913年、ベルリン大学での仕事のほかに、マイトナーはカイザー・ヴィルヘルム化学研究所で、有給の「研究員」の職に昇格することができました。これでハーンと「同格」です。やっとまともにとりあってもらえる、とマイトナーは期待しました。ところが、性別よりも、はるかに大きな壁が立ちはだかったのです。戦争です。

1914年7月28日、サラエボ事件が発端となり、ドイツ、オーストリア＝ハンガリー帝国、オスマン帝国などの同盟国側が、ロシア帝国、セルビア、フランス、イギリスをはじめとする連合国側に戦いをいどみました。この「大戦」は、明確な理由も目標もなく始まったにもかかわらず、世界の大部分を巻きこみ、何百万人もの男性が戦うことになりました。

ハーンは招集され、歩兵として従軍しました。

専門知識を理由に、まもなく特殊部隊に配属されました。

マイトナーは、オーストリア陸軍のX線部隊に看護師として志願しました。そして、ロシア戦線に配属されました。そこは混乱した危険なところで、静かな研究室とはまったくちがいました。

専門《せんもん》知識のあるマイトナーは、看護師《かんごし》というよりも医師のようにあつかわれました。それまでいた科学の世界とはちがって、初めて敬意《けいい》をはらわれました。並の女性では医師として成功できないと父から聞いてはいましたが、じつのところ、そこまでたいへんではないのかもしれないと考えました。

けれど、いまさら専攻《せんこう》は変えられません。それに、マイトナーは根っからの物理学者でした。X線という放射線《ほうしゃせん》の実用化を目《ま》の当たりにしても、高まるのは研究にもどりたいという意欲《いよく》ばかりでした。負傷者《ふしょうしゃ》を助けたい気持ちはあっても、研究室から離《はな》れていると、自分自身の気持ちがおかしくなりそうでした。一九一五年一〇月一四日、ハーンにこんな手紙を書き送っています。

「今のわたしは、あなたには想像もつかないと思います。物理学が存在《そんざい》していたことも、かつて物理学の分野で働いていたことも、いつかまたもどるということも、今のわたしには、すべてがなかったことのように、とても遠くに感じられるのです」。

ハーンは、そんな心細い手紙など書きませんでした。歩兵から特殊《とくしゅ》部隊に移り、あいかわらず自分の選んだ分野である化学にとりくんでいたのです。じつはハーンは、カイザー・ヴィルヘルム物理化学・電気化学研究所の所長であった著名《ちょめい》な化学者フリッツ・ハーバーの指導のもとで、ドイツ軍の化学兵器開発、敵兵《てきへい》に使う毒ガスの開発を手伝っていました。ハーバーとアインシュタインは、戦争が始まるまで親しい友人でした。アインシュタインは筋金《すじがね》入りの平和主義者で、「人道的《じんどうてき》な戦争などありません。なくすしかないのです」と言いました。けれども、ハーバーの意見はちがいました。戦争を早く終わらせる化学兵器は、より「人道的」な手段《しゅだん》だと考えたのです。

ハーンは、この「人道的」な兵器の開発に参加していました。第一二六歩兵連隊に配属《はいぞく》され、ベルギー北部フランドル地方の町イーペルで、塩素《えんそ》を使い、その戦争で初となる毒ガス攻撃《こうげき》を準備したのです。ハーバーは自らガスボンベ五七〇〇本の放出を監督《かんとく》し、風むきを慎重《しんちょう》に見きわめて一六七トンの塩素ガスを放ちました。あっというまに、塩素の雲が五〇〇〇人の兵士を負傷させました。風むきに左右される、とても不安定な兵器で、この最初の使用では一〇〇〇人のドイツ兵も命をうばわれました。それでも、軍部はこれを成功とみなし、二日後にまた使用した際には一万人の兵士を負傷させ、四〇〇〇人を死亡《しぼう》させたのです。一九一五年四月二五日付のニューヨーク・タイムズ紙は、この惨事《さんじ》をつぎのように報じました。

「間一髪《かんいっぱつ》で逃《に》げた者もあるが、残念ながら、多くはこの新兵器の危険性《きけんせい》を理解していなかったため、大量の有毒ガスの煙《けむり》に圧倒《あっとう》されて亡《な》くなった。生存者《せいぞんしゃ》も、塩素に粘膜《ねんまく》をおかされ、ほとんどが咳《せ》きこみ、血を吐《は》いた。遺体《いたい》はすぐ黒くなり……(ドイツ軍は)捕虜《ほりょ》をつくらなかった。噴煙《ふんえん》で瀕死《ひんし》の兵士を発見するたび、兵士のライフルをうばいとり……「楽に死ねるよう」横たわれと言ったのだ」。

ハーンは、ガリツィア地方(当時オーストリア＝ハンガリー帝国の一部、現ウクライナとポーランドの一部)で化学兵器使用の監督の機会をあたえられ、そこでは塩素ガスとホスゲンガスを敵兵に浴びせました。ハーンの部隊では、この兵器の開発に一五〇〇人近くが関わっていました。実験中に重大な事故が起きて、部下が死亡するような深刻《しんこく》な事態になっても、ハーンは自分のしていることに何の疑問ももちませんでした。フランスやイギリスも同じことをやっているのだから、より効果的でより強力な兵器を先につくるしか解決の方法はないと、自分に言い聞かせていました。それに、科学者として最高の仕事をすべきだと考えていました。その成果がどう使われるかを考えるのは科学者の仕事ではない、それは軍が判断することなのだと。ハーバーも同じ考えで、科学者に道義的《どうぎてき》責任があるとすれば、それは自国に対してであり、人類一般《いっぱん》に対してではないと主張しました。この大戦は、科学が大きく関与《かんよ》した最初の戦争でした。そして、最後でもなかったのです。

ハーンの貢献《こうけん》も大きかったとはいえ、ほんとうの「化学兵器の父」はハーバーでした。すでに四〇代だったので招集はされず、またユダヤ人であったため、将校《しょうこう》(専門知識があればなれる地位)になる資格もありませんでした。けれども、愛国心旺盛《おうせい》なドイツ人として、ハーバーは毒ガスの研究を申し出たのです。塩素を兵器化したほか、窒素《ちっそ》と水素から人工的にアンモニアをつくる方法を開発したので、ドイツは戦時中の禁輸《きんゆ》措置《そち》のなかでも、アンモニアを原料にした肥料《ひりょう》や火薬の生産を続けることができました。マスタードガスを発明したのも、ハーバーでした。この毒ガスの雲により敵味方《てきみかた》両方で何万人もの兵士がやけどのような症状《しょうじょう》を負って死亡しました。そして、どこでも手に入る簡単な材料から毒性の強い化学物質をつくる方法を自国のために開発したのも、ハーバーでした。

ハーバーの化学兵器は、両陣営《じんえい》の兵士九万二〇〇〇人の死と一三〇万人の負傷につながりました。戦後、彼の名前は戦争犯罪人のリストにのりました。そのため、ハーバーは、連合国側が告訴《こくそ》をとりさげるまでスイスに亡命《ぼうめい》していました。とりさげられたのは連合国側も化学兵器を使用したからかもしれません。名誉《めいよ》を回復し、ハーバーはベルリンのカイザー・ヴィルヘルム物理化学・電気化学研究所にもどりました。

第一次世界大戦後、ある記者がハーンに毒物に関わった経験についてインタビューをおこないました。「あなたは、敵兵に毒ガスが効くのを何度か自分の目で見たとおっしゃいました」。

ハーンはそれが事実だと答え、毒ガスの開発に関わって「恥《は》ずかしい」し、「とてもいやな気分だった」と認《みと》めました。

ハーンは晩年《ばんねん》、自分が化学兵器に関わったことをこう釈明《しゃくめい》しています。「毒性の高い物質をあつかいつづけた結果、気持ちが麻痺《まひ》してしまい、もはや少しも良心の呵責《かしゃく》を感じなくなっていました。とにかく、もう敵もわれわれと同じ手段をとって……わたしたちはもっぱら攻撃する側だったのがいつのまにか、どんどん攻撃を受ける側になっていたのです」。

けれども、マイトナーの気持ちは麻痺しませんでした。科学の軍事利用をとても不安に感じていました。ただ、毒ガスについてハーンに問いただすことはありませんでした。ハーンは命令に従《したが》っているだけだとわかっていたからです。むしろ、マイトナーは手紙のなかでこの件について触《ふ》れることを完全に避《さ》けました。しかし、科学が人類に役だつ純粋《じゅんすい》な知識としてではなく、邪悪《じゃあく》な目的で使われるのを恐《おそ》ろしく感じました。そして、一九一六年の夏、ハーンの仕事について聞いたマイトナーは、軍の看護師職から退《しりぞ》くことを申請《しんせい》しました。そもそも、この戦争がなぜおこなわれているのかさえ理解できていませんでした。世界中が戦っているのに、軍の高官のほかは、だれもその理由を知らないようだったのです。マイトナーは、化学研究所の施設《しせつ》がハーバーたちの軍事研究に使われているのを目にしました。ハーンのような科学者たちを使っているのもわかりました。個人的にはハーンを止められませんが、いったん研究室にもどったら、化学研究所が純粋な科学的発見の場から戦争の道具に変えられるのを防ぐ方策《ほうさく》をたてられるのではないかと思っていました。負傷した兵士を助けるよりも、科学の軍事利用と闘《たたか》うほうが大きなちがいを生めると考えたのです。やがてマイトナー自身の発見が何よりも恐ろしい殺人兵器につながっていくなどとは、想像もしていませんでした。

第8章

研究室にもどって

戦争中であっても、マイトナーとハーンは手紙のやりとりで共同研究を続けました。そして、元素アクチニウムの元を見つけようと研究し、ついに、崩壊(つまり変化)してアクチニウムになる、プロトアクチニウムという重い元素を発見したのです。マイトナーは実験をおこない、その結果をハーンと議論して、ふたりの発見を論文に書き発表しました。

実験も考察もマイトナーでしたが、必ずハーンの名前も入れていました。

おかげで、ハーンもプロトアクチニウムの発見者だと認められました。ドイツ化学会はこの画期的な業績に対して、ハーンにエミール・フィッシャー・メダルを授与しました。

おめでとう!
ありがとうございます

あなたにも!

マイトナーには、ハーンのメダルの複製がおくられました。

エミール・フィッシャー・メダルを授与《じゅよ》されたハーンは、マイトナーのメダルが複製でも抗《こう》議《ぎ》はしませんでしたが、それでもなお、いろいろな意味で完璧《かんぺき》なパートナーでした。ドイツの敗戦後、ハーンとマイトナーは、また以前と同じように共同研究にもどりました。けれども、研究所を一歩出ると以前とは状況《じょうきょう》がまったくちがっていました。ドイツに課《か》せられた降伏《こうふく》条件はとても厳《きび》しいもので、ドイツ政府はフランスとイギリスに賠償金《ばいしょうきん》を支払《しはら》った結果、経済《けいざい》が破綻《はたん》したのです。財政赤字を簡単に埋《う》める解決策《かいけつさく》として、紙幣《しへい》をどんどん発行しました。たいへんなインフレが起き、もともと一ドルは七五ドイツマルクだったのが、一九二三年初頭には一ドルが一万八〇〇〇マルクになりました。そして、その年のなかばには四五〇〇万マルクになったのです。秋には、なんとパン一個が二千億マルクにもなりました。

たいへんな時代でしたが、マイトナーは食料など気にしていませんでした。戦時中に発表した論文《ろんぶん》のおかげで、かつてないほどの名声を得ていました。ひとりでベータ線やガンマ線の重要な研究をおこないつづけました。そして一九二三年には、ベータ崩壊《ほうかい》のあとに二次的な放射線《ほうしゃせん》としてガンマ線が放出されることがあると証明しました。放射性物質《ほうしゃせいぶっしつ》は不安定で、安定した状態になるまで崩壊します。一部の放射性元素《げんそ》のベータ崩壊では、あまったエネルギーによってもう一個の**電子**を原子《げんし》から放出させることがあるのを発見したのです。これは、のちに「オージェ効果」として知られるようになりました。マイトナーは、ハーンとともに発表した論文に加えて、戦後すぐ単独で論文を一〇本発表しました。当時はすさまじく成果があがり、安心して仕事にとりくめる時期でした――何もかもが変わってしまうまでは。

第 9 章

大戦が終わって

まだ戦争が終わる前の 1918 年夏に、マイトナーはセミナーを開く機会がありました。

今日は
プロトアクチニウムの発見
についての研究結果を
発表します

ハーンもほかの多くの科学者ももどってきていませんでしたが、マイトナーは、長期におよぶ研究の成果について講義をおこないました。

すばらしい講演だ
とても興味深い
説得力があって明快でした。
ここからどう研究を進められる
のか楽しみです
マックス・
プランク
ベルリン大学教授、のちの
カイザー・ヴィルヘルム協会会長
ハインリヒ・ルーベンス
ベルリン大学物理学研究所所長
アルベルト・
アインシュタイン
注目の若き物理学者

それはマイトナーが
何よりもほしかった
言葉でした。

やっとマイトナーは、
科学者としてきちんと
認められたのです。
戦争は 11 月に終結しました。ドイツは敗戦により政治も経済も大混乱でした。

マイトナーはウィーンの家族に手紙を書きました。「食べてはいけていますが、マーガリン一キログラムが三〇〇〇万～四〇〇〇万マルク、卵一個が一五〇万～二〇〇万マルクもしています……。体調はよいです……。食べるものが少なくてもへいきです。たいへんなのは病人や子どもです。牛乳もバターもないのです」。

物価が高騰《こうとう》し、貨幣《かへい》の価値がとても低かったので、食料を買うだけでも、手押《てお》し車《ぐるま》いっぱいの現金が必要でした。マイトナーは、コーヒーや、ときにはケーキも送ってくれる母親に、自分はほかの人より恵《めぐ》まれているのだと伝えて安心させようとしました。マイトナーには、めんどうをみなくてはならない家族もいません。それに、切りつめた生活や、たくさん食べないことにも慣れています。幼《おさな》い息子がいるハーンは、ずっとたいへんでした。ハーンは大学の事務室で受けとった給料をスーツケースに入れて運んでいましたが、それほどの大金でもわずかな価値しかありませんでした。マイトナーはハンドバッグに入れられるほどの金額しかもらっておらず、それでは卵一個も買えませんでした。

一般的《いっぱんてき》な状況《じょうきょう》は厳《きび》しかったのですが、マイトナーのおかれた状況はよくなっていました。今や女性の量子物理《りょうしぶつり》学者《がくしゃ》の代表とみなされているのです(ほかに適任の女性がいたわけではありません。古い学友のゲルタ・フォン・ウビッシュは、とっくに物理学の世界から離《はな》れて植物学や遺伝学《いでんがく》の研究をしていました)。

マイトナーは、ベータ線とガンマ線の特性について、より多くの発見をしました。また、奇《き》数《すう》の**原子《げんし》番号**より偶数《ぐうすう》の原子番号をもつ原子のほうが安定している、つまり放射性崩壊《ほうしゃせいほうかい》が少ないという事実を発見しました。どれをとっても、ひとつだけで名声を得られるほどの重要な業績でした。そうして、マイトナーの評判はいっきに高まりました。

当時の物理学者はみんなそうでしたが、マイトナーもまだ、ゴム管、ビーカー、ガラス管、金網《かなあみ》などを金物《かなもの》店で手に入れて自分で装置《そうち》をつくっていました。大きな装置、たとえば粒子《りゅうし》の挙動《きょどう》を研究するサイクロトロンのような機械は、ちょうど開発が始まったばかりでした。一九二〇年代、マイトナーは、当時の最新装置である霧箱《きりばこ》をベルリンで初めて使った物理学者のひとりでした。小さな水槽《すいそう》を利用して自分でつくりました。この装置では、さまざまな粒子の動きが、霧(霧箱内に発生する水やアルコールの雲)の中に軌跡《きせき》として現れ、それを写真に撮影《さつえい》することができました。

科学者たちが原子《げんし》構造《こうぞう》を見なおし、原子の中に何があるのか、どのように結合《けつごう》しているのか、新しくて刺激的《しげきてき》な発見をした時代でした。マイトナーは、自分もきっと貢献《こうけん》できると確信していました。どんな貢献ができるかはまだわかりませんでしたが、原子核《げんしかく》の不思議なしくみを明らかにしようと決意しました。やがて、マイトナーの発見が世界を永久に変えてしまうのです。

第 10 章

ついに教授に

霧箱は、物理学者が粒子を「見る」ことができる密閉された箱です。

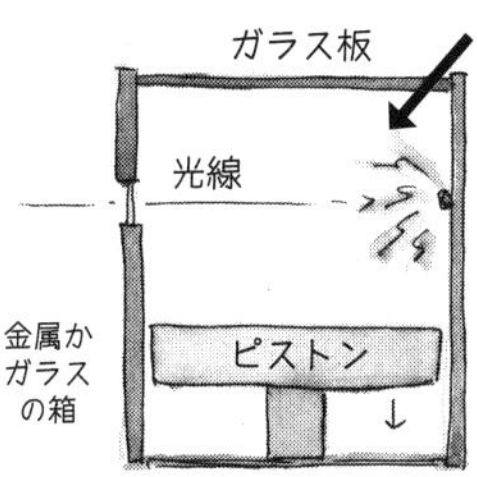

ガラス板
水やアルコールの蒸気
光線
放射線の発生源
金属かガラスの箱
ピストン

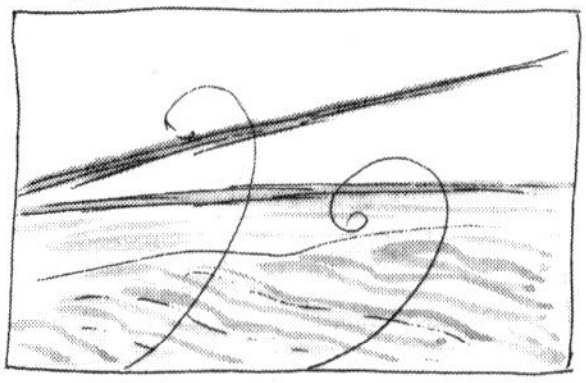

霧箱がとらえた粒子の通り道

放射線の通ったあとをマイトナーが考察

放射性粒子が水やアルコールの蒸気にふれると通り道が残ります。この進み方には、それぞれ特徴があります。アルファ粒子は太くまっすぐな線、電子はうねうねとした線、宇宙線はまたちがう形の線になります。霧箱を使えばどれも見ることができるのです。

このような新しい情報から、原子構造の考え方がつぎつぎに変わっていきました。どんなふうに変わっていったのでしょう。

1904 年：
ブドウパン型
原子模型

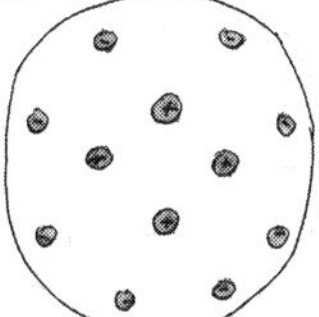

イギリスの物理学者**J・J・トムソン**は、原子の内部は、ブドウパンの中のレーズンのように電子が点在している、と表現しました。

1911 年：ラザフォードの原子模型 *

ラザフォードは、原子の内部のほとんどは空洞で、中心には正電荷をおびた原子核があり、そのまわりを電子がまわっていると考えました。

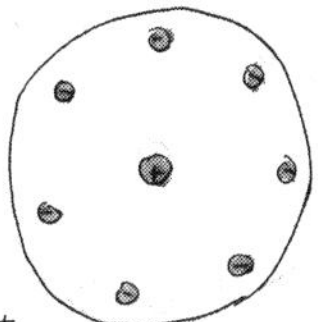

静電気力により電子が軌道を回転しつづけていると考えたのです。原子が大聖堂ほどの大きさだとすれば、原子核はその中のものすごく広い空間の中心にいるハエくらいの大きさです。

1913 年：
ニールス・ボーアの原子模型

ボーアは、惑星のような軌道をもち重力ではなく静電気力によって電子が軌道を維持しているというラザフォード模型を発展させました。

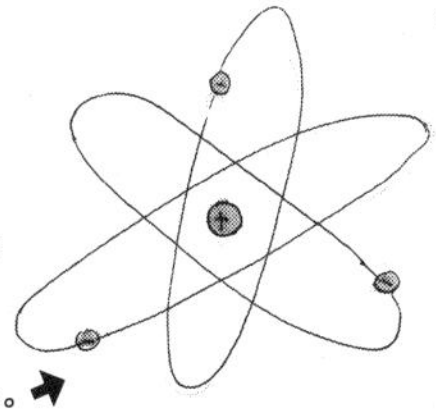

もし静電気力によってまわっているのなら、やがて電子は原子核に衝突してしまいます。原子は安定できません。

一九二〇年、マイトナーは放射性《ほうしゃせい》プロセスや宇宙線《うちゅうせん》などのテーマで一〇本の論文《ろんぶん》を発表しました。このとき初めて、ハーンといっしょに研究していたけれども、たよりきりではないと感じました。今や自分自身が名前を知られ、自分自身の業績がありました。自分にふさわしい地位がようやく得られるかもしれません。

この年、プロイセン州〔旧プロイセン王国から移行し当時ドイツの最も主要な州だった〕でもようやく女性に教授資格が許可されました。そして、一九二二年、ベルリン大学はついにマイトナーに、それまでの研究業績に基づいてこの資格をあたえました。こうしてマイトナーは、プロイセン州初の女性の私講師《しこうし》**となったのです。それから四年後には非常勤《ひじょうきん》教授に昇格《しょうかく》し、ドイツで女性の大学物理学教授第一号となりました。

ふつう、このような肩書《かたが》きを得るには、論文を提出して認《みと》められなければなりません。しかし、マイトナーはすでに多くの論文を発表し、いくつも重要な発見をしていたので、大学側はその条件を免除《めんじょ》しました。とはいえ、マイトナーは、**マックス・フォン・ラウエ**とハインリヒ・ルーベンスによる口頭試問《しもん》に合格しなければなりませんでした。

　ルーベンスは、かつて科学界への女性の進出に不安を感じていたものの、マイトナーがその分野のトップであるのは認めていました。ラウエは長年の友人で、同僚《どうりょう》でもあります。彼女の仕事ぶりと論文の明晰《めいせき》さを高く評価していました。口頭試問は、マイトナーの研究についてのおしゃべりになってしまいました。何しろ、彼女にはふたりに試験できるほどの力があったのです。

　マイトナーの大学での着任講義《ちゃくにんこうぎ》は、「宇宙的《コスミッシュ》プロセスにおける放射能の重要性」についてでした。これを、ベルリンの学術雑誌《ざっし》は、宇宙的《コスミッシュ》プロセスではなく「化粧《コスメーティシュ》の」プロセスに関するものであると報じました。しょせん女性がするのは宇宙ではなく化粧《けしょう》の話だと思われていたのです。マイトナーは訂正《ていせい》を求めませんでした。そもそも女性だからという見方をされたくないのに、さわぎたてれば女性は感情的だなどといわれかねないと思ったのです。

　マイトナーは、「人生は、からっぽでさえなければ、楽である必要はありません。そして、この望みが、わたしはかなったのです」と書いています。仕事、同僚、（同僚である）友人、そして物理学からの息ぬきとしてときおり行くコンサート。それ以外はどうでもよかったのです。

　同じく一九二〇年、デンマークの物理学者**ニールス・ボーア**がベルリンに講演《こうえん》に来ました。マイトナーは友人たちと聞きにいきました。ボーアは自身の「対応原理」をテーマに講演をおこない、原子《げんし》スペクトルの重要性とその解釈《かいしゃく》について語りました。マイトナーは、「ジェイムズ・フランク、グスタフ・ヘルツといっしょに講演会場を出ましたが、三人ともほとんど理解できておらず、いささか落ちこんでいました」と書いています。

この若い科学者たちは、大物科学者たちぬきに、自分たちとボーアだけで静かに議論《ぎろん》したいと考えました。ボーアはまだ四〇歳《さい》にもなっておらず、童顔で若々しかったのですが、それでも威圧的《いあつてき》に感じられました。三人でひそひそと、どうしたら彼に近づけるか相談していると、そのデンマークの物理学者本人が後ろから話しかけてきました。「直接聞いてくれたらいいよ」。

ほっとした三人は、ダーレムにあるハーバーのクラブハウスで集まる準備をしました。ハーバーら大物たちが職場にいるあいだに話ができることになりました。ハーバー宅《たく》に着くと、思いがけない客人に出むかえられました。アインシュタインです。物理学の最高峰《さいこうほう》が勢ぞろいしました。聴衆《ちょうしゅう》が相手ではなかったので、ボーアはすべてを明確に説明しました。マイトナーは、ベータ線とガンマ線に関する自分の研究について話しました。興味をおぼえたボーアは、コペンハーゲンの理論物理学研究所《りろんぶつりがく》で講演してほしいとマイトナーを招きました。長い友情の始まりでした。

その翌年《よくねん》、マイトナーは初めてコペンハーゲンを訪《おとず》れ、それ以来ボーアとその妻マルグレーテの家に滞在《たいざい》するのが毎年恒例《こうれい》となりました。ドイツの物理学者ヴェルナー・ハイゼンベルクともそこで出会いました。彼もボーア夫妻の家に滞在していたのです。ハイゼンベルクは、以前ボーアの助手をしていて、教職につくための道中でした。このとき、マイトナーは、ハイゼンベルクが物理学における固有の測定の不正確さについて説明する「不確定性原理《ふかくていせいげんり》」を初めて聞きました。ハイゼンベルクは、この理論で一九三二年にノーベル物理学賞を受賞します。

コペンハーゲンの研究所ではわくわくする議論がくりひろげられました。量子物理学《りょうしぶつりがく》や原子構造《げんしこうぞう》について話していると、マイトナーは自分がよそ者だとは感じません。いつもは慣れない場所では何もできなくなるほどの人見知りでしたが、ここでは息苦しくはなりませんでした。むしろ、自分は物理学における最先端《さいせんたん》の発見の中心にいるのだと感じていました。

やっと、女性であることは問題にされなくなりました。

ところが、こんどはユダヤ人であることが問題になったのです。

＊　ラザフォードの模型《もけい》は一九〇三年に長岡半太郎《ながおかはんたろう》（一八六五〜一九五〇）が提案した土星型原子模型にも影響《えいきょう》をうけている。長岡は一八九三年から九六年にかけてドイツ帝国に留学し、ルートヴィヒ・ボルツマンに師事した。

＊＊　教授の称号《しょうごう》を得るためには、まず教授資格をとり、講義《こうぎ》に出席する学生から受講料《じゅこうりょう》を受けとる無給の私講師をつとめ、教授の辞令を待たなくてはならなかった。

第 11 章

「ユダヤ人の」物理学 対「アーリア人の」物理学

1920 年代の時点ですでに、ドイツ科学界はアインシュタインの理論や量子物理学を「ユダヤ人のペテン」とみなしていました。健全なアーリア人(白人)の物理学に対して、邪悪なユダヤ人版があるとしたのです。
クーデターに失敗したアドルフ・ヒトラーは、1924 年、獄中で『わが闘争』の執筆をはじめ、自分を殉教者にしたてあげました。ふたりのノーベル物理学賞受賞者が、ヒトラーをたたえる論説を書いて、全面的に支持しました。

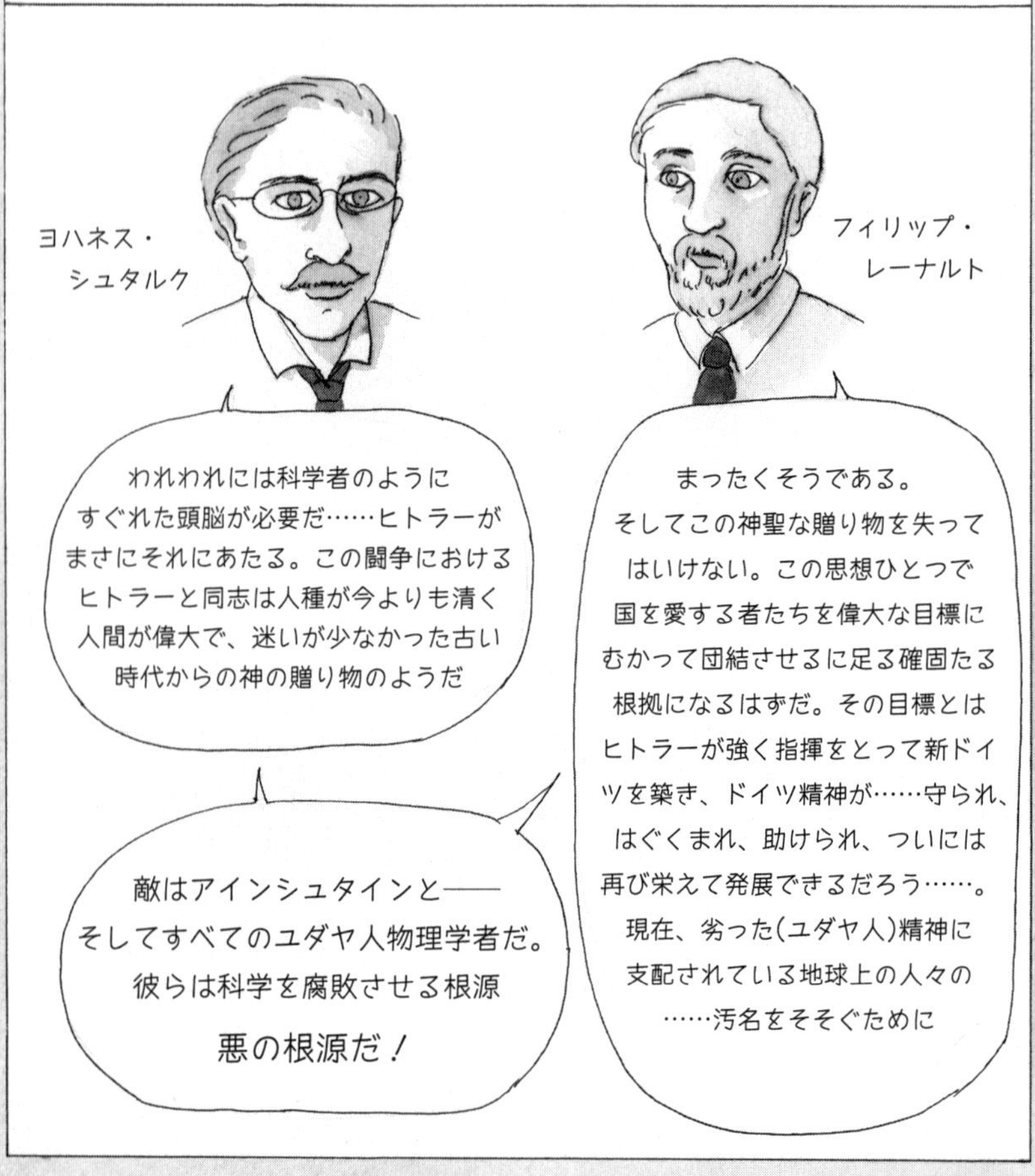

ヨハネス・シュタルク
フィリップ・レーナルト
われわれには科学者のようにすぐれた頭脳が必要だ……ヒトラーがまさにそれにあたる。この闘争におけるヒトラーと同志は人種が今よりも清く人間が偉大で、迷いが少なかった古い時代からの神の贈り物のようだ
まったくそうである。そしてこの神聖な贈り物を失ってはいけない。この思想ひとつで国を愛する者たちを偉大な目標にむかって団結させるに足る確固たる根拠になるはずだ。その目標とはヒトラーが強く指揮をとって新ドイツを築き、ドイツ精神が……守られ、はぐくまれ、助けられ、ついには再び栄えて発展できるだろう……。現在、劣った(ユダヤ人)精神に支配されている地球上の人々の……汚名をそそぐために
敵はアインシュタインと——そしてすべてのユダヤ人物理学者だ。彼らは科学を腐敗させる根源悪の根源だ！

一九一八年、ユダヤ人ではないマックス・プランクは、光のエネルギーが不連続なかたまりであることを発見して、そのかたまりを「量子《りょうし》」と呼《よ》び、ノーベル物理学賞を受賞しました。量子という最小の単位でみたときに、エネルギーの変化は不連続であり、一定の数の整数倍でのみ変化する、つまり飛び飛びに変化すると証明したのです。それまでの科学者たちは、エネルギーはコーヒーカップに注《そそ》がれるミルクの流れのように連続的なものだと考えていました。プランクは、エネルギーはむしろ角砂《かくざ》糖《とう》のようなもので、ひとつ、ふたつと、べつべつのかたまりとして加えられると証明したのです。

　学術雑誌《ざっし》は、この最先端《さいせんたん》の科学とそれに貢献《こうけん》した研究者の評判を落とそうと全力をつくしました。この分野で活躍《かつやく》するプランクのようなドイツ人は、「白いユダヤ人」と呼ばれました。白い人(ドイツ人がアーリア人と呼んだ白人)でありながら、白人でなく劣《おと》った人種とされていたユダヤ人に同調しているとみなされたのです。その結果、物理学も数学も学ぶ学生が激減《げきげん》してしまいました。健全なアーリア系《けい》ドイツ国民が、このように邪悪《じゃあく》なユダヤ人の思想と関わり

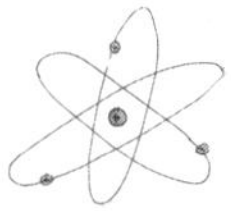

たいはずがない、というわけです。

「退廃的《たいはいてき》なユダヤ物理学」に反対する科学界の声が大きくなり、とうとうプランクは公《おおやけ》に声明を出さなくてはと思うようになりました。科学的思考の厳密《げんみつ》さ、世界に対する偏見《へんけん》なしの探《たん》求《きゅう》、そして真理《しんり》そのものが危機《きき》にさらされていたのです。プランクは、「物理学の世界観を求める戦い」という講演《こうえん》のなかで、「物理学がもつ科学的な明白性と一貫性は、真実へのまっすぐな挑戦《ちょうせん》と誠実《せいじつ》さで成りたっている。正義は真理への献身《けんしん》と切りはなせない」と主張して問いました。「なぜ、アインシュタインの驚《おどろ》くべき科学的発見が悪とみなされるのか？　なぜ、光の性質を原子《げんし》レベルで理解することが、その問題にとりくんでいた科学者がユダヤ人であったという理由だけで邪悪とみなされるのか？　真実がまちがいになるわけがない」。

マイトナーはずっとプランクに親しみを感じていました。部屋に入っただけでその場の雰囲《ふんい》気《き》をよくしてくれる人物だと言っています。この講演を聞いて、ますますプランクを尊敬《そんけい》しました。ずっと昔にマイトナーが物理学にひかれたのは、これこそ「真実」だと思えたからでした。最初の担当《たんとう》教授であったボルツマンは、かつて自身も原子の存在《そんざい》を疑《うたが》う科学者たちと闘《たたか》うはめになりながらも、「真実を明らかにして、それを明確に書き記し、死の瞬間《しゅんかん》まで守り抜きなさい！」と言って彼女をはげましたのです。マイトナーには、ある学説がなぜ、ユダヤ人が提唱《ていしょう》したからというだけで攻撃《こうげき》されるのか理解できませんでした。自分もユダヤ人というだけで、研究すべてが疑われるのでしょうか。

マイトナーには心配するだけのもっともな理由がありました。ユダヤ人が社会を破壊《はかい》しているという非難《ひなん》は、ユダヤ人に対する深い憎《にく》しみからきています。その考えはまた、大戦後のドイツ経済《けいざい》の混乱《こんらん》から人々の目をそらすのにも好都合でした。問題を起こした政府自身の役割を認《みと》めるよりも、ユダヤ人が国を破滅《はめつ》させたというほうが簡単だったのです。これは、何千年ものあいだ多くの国や社会が使って成功してきた策略《さくりゃく》で、直面するあらゆる問題をユダヤ人のせいにしたのです。戦後の悲惨《ひさん》な状況下《じょうきょうか》で、古くからの憎しみが再びつのっていきました。

マイトナーは、自分の仕事に集中しようとしました。そもそも、多くのドイツ系ユダヤ人がそうだったように、大人になってからキリスト教の洗礼《せんれい》を受けていました。女性というだけでも職を得るのがむずかしかったのです。そのうえユダヤ人だからと差別されたら、二重の苦労を負うことになってしまいます。マイトナーにとって宗教《しゅうきょう》はどうでもいいことでした。彼女にとって、ユダヤ教は両親の代からの遺物《いぶつ》で、受けついでも無視《むし》してもよいものでした。そして、無視するほうを選び、ほかの人たちもそっとしておいてほしいと思いました。

一九二四年、マイトナーはプロイセン科学アカデミーから女性としては初めてライプニッツ銀メダルを授与《じゅよ》されました。翌年《よくねん》には、ウィーン科学アカデミーのイグナーツ・リーベン賞を受賞しました。マイトナーは、故郷ウィーンに高く評価され、女性でも科学者になれると証明したのです。それから三年後の一九二八年、マイトナーはアメリカの団体「科学界の女性を支援《しえん》する会」が設立した新しい賞を受賞しました。初めて授与された賞で、「女性のためのノーベル賞」と位置づけられていたのは、ノーベル財団が女性の功績を見ようとしないことで悪名が高かったからでした。マイトナーは、フランスの化学者**ポーリーヌ・ラマール＝リュカス**とともに受賞しました。さらに、単独の賞に加えて、一九二四年にはハーンといっしょにノーベル賞候補《こうほ》にも推薦《すいせん》されました。これが最初で、そのあと何度もふたりで候補となりました。*

長年すみに追いやられて、どこでもたったひとりの女性だったマイトナーが、ついに、みごとな業績をまわりから認められるようになりました。邪悪なユダヤ物理学に反発する声もありましたが、ベルリンは、マイトナーにとってとても居心地がよい場所だったのです。そして、これらの受賞に守られているとも感じていました。確かに、ヒトラーの反ユダヤ人的な暴言《ぼうげん》は聞いていましたが、ほかの多くの人がそうだったように、本気にしていませんでした。ヒトラーは刑務《けいむ》所《しょ》を出てからの一〇年間に、ドイツを強国にしようとするファシスト集団、国民社会主義ドイツ労働者党《ろうどうしゃとう》の忠実《ちゅうじつ》な支持者をふやしていきました。マイトナーは、ナチスと呼ばれるこの集団は過激《かげき》すぎて実権をにぎれないと考えていました。確かに注目はされていたけれども、それはすぐに終わると思ったのです。くだらない政治を理由に自分の居場所を出ようなどとは、まったく思いませんでした。

＊ ノーベル賞の候補者の名前や選考過程はそのときに発表されず、五〇年後に公開されます。

第 12 章

ヒトラーが政権をとる

1933 年 1 月、ヒトラーは第三帝国総統になり、政府のトップとして強大な権力を手に入れました。その 1 か月後、ベルリンにあるドイツの国会議事堂で大火災が発生し、これはヒトラーにとって、戒厳令をしき権力をさらに強大にする絶好の口実になりました。政府転覆を図った共産主義者による放火だと、ナチスは主張したのです。
ヒトラーは言いました。「この劣等な人間(共産主義者)どもは、国民がわれわれの側に立っていると理解していない。彼らがネズミ穴から今や出たがっているとしても、もちろん大衆の歓声は何も聞こえていない」。
証拠のない言いがかりでしたが、大勢の人間が逮捕されました。国を支配するための口実として、ナチス自身が火災を引きおこしたのだとする説もあります。

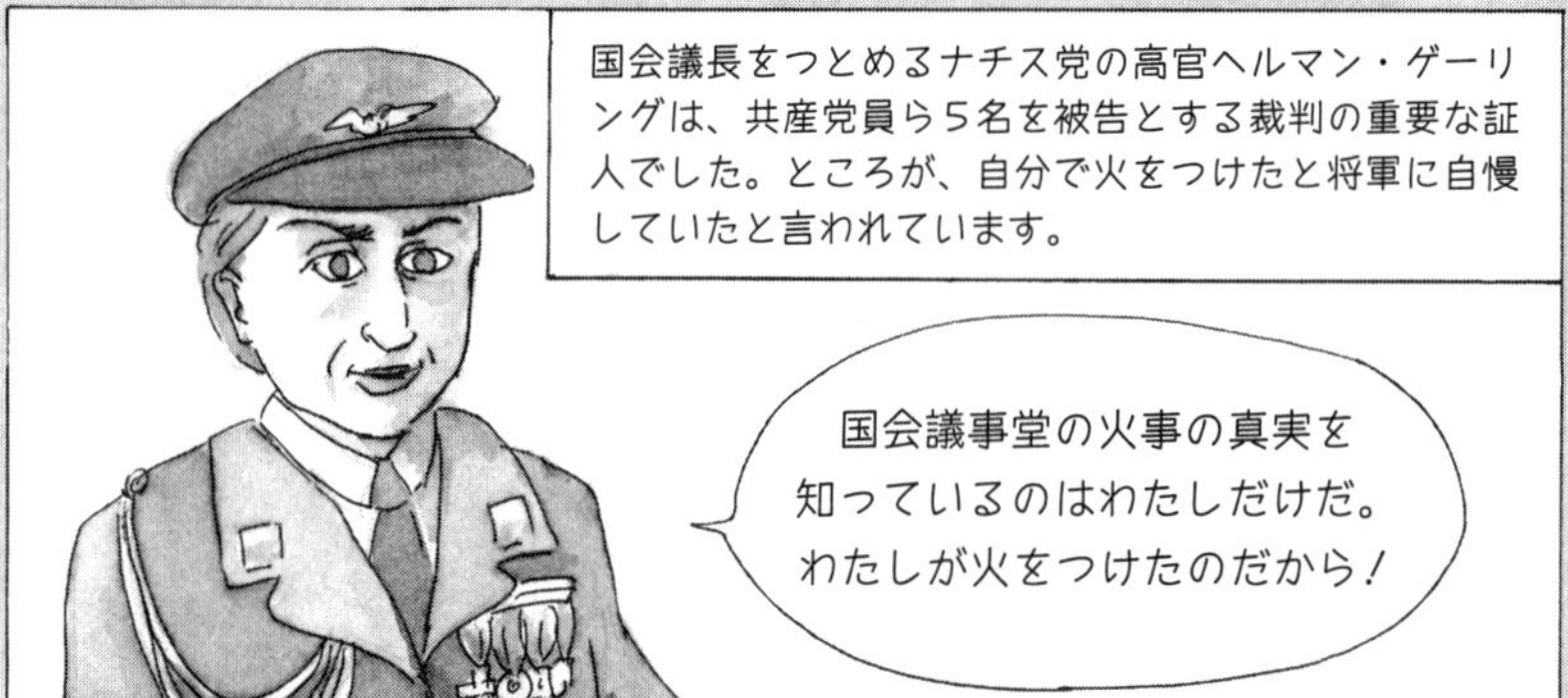
国会議長をつとめるナチス党の高官ヘルマン・ゲーリングは、共産党員ら 5 名を被告とする裁判の重要な証人でした。ところが、自分で火をつけたと将軍に自慢していたと言われています。
国会議事堂の火事の真実を知っているのはわたしだけだ。わたしが火をつけたのだから！

そう言って、わらったのです。

一九三三年の国会議事堂の火災は、ヒトラーが国を支配下におくために必要としていた燃料のようなものでした。五人の被告人《ひこくにん》のうちひとりしか有罪にならなかったのに激怒《げきど》したヒトラーは、反逆罪《はんぎゃくざい》をはじめとする重大犯罪をさばく「人民法廷《じんみんほうてい》」を新たに設立しました。この裁判所も、政府のほかの部分と同じく、しっかりとナチスの支配下におかれていました。「国家安《こっかあん》全保障《ぜんほしょう》」が、圧政《あっせい》をしくための強引な口実となったのです。共産主義者と思われる人々の逮捕《たいほ》が大量に続き、ヒトラーは、共産主義者が内戦をおこし国を乗っとろうとしていると、はげしい言葉で警告《けいこく》しました。

火災の翌日《よくじつ》、ヒトラーはパウル・フォン・ヒンデンブルク大統領に、ワイマール憲法《けんぽう》第四八条にもとづく緊急《きんきゅう》の大統領令に署名《しょめい》するよう求めました。この法令により、報道の自由、集会の自由、郵便や電話におけるプライバシーの保護など、ドイツ市民としての権利のほとんどが停止されました。これらの権利は、ナチスの統治下で復活することはなく、それはもちろん国家の安全保障のためとされました。法令によって報道は支配され、ユダヤ人と共産主義者

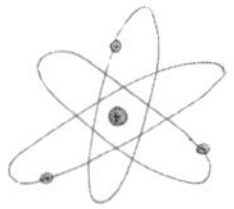

が世界を征服《せいふく》しようとしているので阻止《そし》しなければならないという「ニュース」を流布《るふ》する、みにくいプロパガンダ〔政治的意図をもつ宣伝のこと〕の時代が始まったのです。

当初、マイトナーはヒトラーの怒《いか》りが自分におよぶとは思っていませんでした。ヒトラーが政権をにぎったとき、カリフォルニアにいたアインシュタインは、すぐにその危険性《きけんせい》を理解しました。一九三三年三月一〇日のインタビューで、アインシュタインはこう語っています。「可能であるかぎり、法の下で政治的自由、寛容《かんよう》、全市民の平等が優先《ゆうせん》される国でのみ生きていくつもりです。政治的信念を口頭や書面で表現する自由は政治的自由の一部で、個人の信念を尊重《そんちょう》することは寛容の一部です。これらの条件は、現在ドイツでは満たされていません。ドイツでは、特に国際理解のために貢献《こうけん》している人々が迫害《はくがい》されています」。帝国《ていこく》政府はプランクに対し、アインシュタインをプロイセン科学アカデミーから追放するように要求しました。アインシュタインはプランクに迷惑《めいわく》をかけないよう、追放される前に辞表を提出しました。帝国政府は激怒しました。裏切《うらぎ》り者《もの》を解雇《かいこ》しようとしたところで自分からやめられてしまったのです。帝国側にできたのは、プロイセン科学アカデミーが「ユダヤ人はドイツに対する残虐《ざんぎゃく》行為《こうい》を展開《てんかい》しているのだから、アインシュタインがやめても悔《く》いはない」という威勢《いせい》のいい声明を出すことくらいでした。マイトナーは、アインシュタインに対するこの反応を、みにくい脅《おど》しとしか思っていませんでした。ほかのユダヤ人教授まで追い出されるとは考えもしませんでした。ただ騒《さわ》ぎたてて、ヒトラーが大見得《おおみえ》を切り偉《えら》ぶっている、そういうやり方なのだと思いました。

ところが、状況《じょうきょう》はもっと深刻《しんこく》になってしまうのです。

第 13 章

ユダヤ人をしめ出せ！

1933 年 4 月 1 日。ユダヤ人商店に対する不買運動が始まった日。

ダヤ人は
れわれの
ざわい！
ユダヤ人と
たたかえ！
ユダヤ人は
ドイツの
ビジネスを
破壊した！

突撃隊というヒトラーの私設軍隊が、大学や法律事務所を支配下においてユダヤ人の専門家を全員追い出しました。商店には、見苦しい看板がかかげられました。だれも抗議しません。それどころか、大衆はその動きを喜んだのです。研究所ではほんの数人の教授だけが同僚のあつかいに文句を言いました。とにかく、ユダヤ人だけが苦しめられ、自業自得だとされました。愛国的なドイツ人は守られ、ヒトラーのもとでより楽に暮らせました。

マイトナーはおそろしくなりました。女性だから不利だと思っていたのに、そんなレベルの話ではなくなったのです。

わたしは
すべて
失うの？
いったい
どうなって
しまうの？

マイトナーは不安をハーンに伝え、アドバイスを求めました。

ハーンは、その年の春からアメリカのコーネル大学で教えていました。

大げさだなあ
だいじょうぶだよ

ハーンは、新聞が「ドイツのユダヤ人迫害を大げさに伝えようとしているだけ」にちがいないと思っていました。ヒトラーの「新ドイツ」は期待できる、世の中がよくなると考えていました。

おそらくハーンは、一九三三年四月七日にヒトラーが制定した「専門職公務員復活法《せんもんしょくこうむいんふっかつほう》」を知らなかったのでしょう。この法令により、大学や研究所をふくむ政府機関でのユダヤ人の雇用《こよう》は違法《いほう》になりました。また、ハーンがアメリカに発《た》った直後、ナチスの兵士がドイツの各研究所や大学に押《お》しかけて、全職員のうち、だれがユダヤ人であるかを記録していったのも知らなかったのでしょう。ドイツ全土の各家庭で、ヒトラーの写真とその著書《ちょしょ》『わが闘争《とうそう》』をそなえるのが義務になりました。

マイトナーはハーンの言葉では安心できなかったので、ハーバーに相談しました。ドイツに残るべきかどうか、残れるものなのか知りたかったのです。自身もユダヤ人であるハーバーには何も答えられませんでした。マイトナーは、書類の記入をせまられたときにユダヤ人であると認《みと》めていましたが、ドイツ人でなくオーストリア人なので自分は問題にならないことを願いました。実際そうなのか、ハーバーには見当もつきません。彼自身も、とどまるかどうか悩《なや》んでいたのです。

その春、ハンガリー系《けい》ユダヤ人の物理学者**レオ・シラード**が、マイトナーとともに講座《こうざ》を受けもつ予定でした。けれども、新しい法令を知り、解雇《かいこ》されるよりも自分からやめることを選びました。アインシュタインと同じく、ヒトラーのせいでどれだけ危険《きけん》になるのかがよくわかっていたのです。シラードはベルリンを去ってイギリスに行きました。マイトナーにもそうすべきだと警告《けいこく》しました。

ユダヤ人はみな、職を失いました。学校に行くのも、商売をするのも、映画や買い物に行くのも許されません。公共交通機関も使えないし、自分の車の運転さえもできないのです。マイトナーのユダヤ人の友人フランクは大戦時の功績により追放をまぬがれていましたが、抗議《こうぎ》の辞職《じしょく》をし、その数か月後シラードのように国を出ようと決意しました。財産も預金《よきん》ももっていけませんが、少なくとも教職と研究を続けて物理学の一翼《いちよく》をになえるのです。マイトナーにも、いっしょに行こうとすすめました。

多くの友人が去っていくのはショックでしたが、マイトナーは、憎《にく》しみのスローガンでいっぱいの新聞の見出しや拡声器《かくせいき》の声を避《さ》けようと、ますます長い時間を研究所で過ごすようになりました。それでも、目に入らないわけはありません。一九三三年五月、ベルリン大学前のオペラ広場で、突撃隊《とつげきたい》〔ナチスの武装組織〕が「好ましくない」本を燃やしましたが、その多くがユダヤ人作家による本でした。もうひとつの衝撃《しょうげき》は、フリッツ・ハーバーの辞職でした。ドイツ系ユダヤ人科学者やスタッフの解雇を拒否《きょひ》してカイザー・ヴィルヘルム物理化学・電気化学研究所所長職を辞任《じにん》したのです。彼は大戦時の功績を高く評価されてユダヤ人排斥《はいせき》の対象からはずれるはずでしたが、辞任するまで圧力をかけられていました。プロイセン州の教育大臣ベルンハルト・ルストはハーバーについて、「有能な科学者かもしれないが、ユダヤ人であり、(研究所を)構成するのに……おもにユダヤ人科学者を採用し、多くの有望なドイツ人(アーリア人)科学者の出世の道をふさいでいた」と述べました。

超一流《ちょういちりゅう》の科学者が何人も地位と資産《しさん》をうばわれたというのに、科学界は全体としては何も言わず、何もしませんでした。恐怖心《きょうふしん》からだまっている者がいるのは確かでした。言いなりになるだけの者も。それどころか、これに賛成する者もいました。多くのユダヤ人教授や研究者が追い出されたため、これまで職につくのに苦労していた科学者たちが就職《しゅうしょく》の機会に恵《めぐ》まれたのです。

マイトナーは、自分の物理学の世界である研究室を失ってゼロから再出発するのを恐《おそ》れ、友人たちについていくのをこばみました。「それは……わたしのライフワークであり、そこから自分を切りはなすのは、あまりにもむずかしく思えたのです」と、のちに友人への手紙に書いています。こうしてマイトナーは、ベルリンに残された最後のユダヤ人科学者となっていくのです。

第 14 章

ヒトラーと科学を語る

カイザー・ヴィルヘルム協会の会長をつとめていたマックス・プランクは、ハーバーの退職後、この研究所をユダヤ人のいない場所にする必要がありました。
先生なら絶対にみんなを守れます。科学は政治の道具じゃありません
だがわたしに何ができる？ 法律で決まったことだ
でもこんなに無法なものが法律といえますか？
プランクはなんとか解決しようとヒトラーと会見しました。
お目にかかれて光栄です
まず協会は全面的にヒトラーを支援すると話しました。
プランクは、各研究所の研究がいかに重要で祖国のためになるかを力説しました。ヒトラーもうなずきました。帝国は優秀な科学者を必要としている。ただしそれはユダヤ人ではないと。
優秀なユダヤ人もおります。フリッツ・ハーバーはユダヤ人といっても愛国心あるドイツ人です。彼の研究は大戦で大きく役だちました。十把ひとからげに追い出さないでください
よいユダヤ人などいない！ やつらはひっつき虫のようにかたまっている。ひとり見つかればそこには大勢がいる
ですが根っからドイツ人である者はちがいます
わしはユダヤ人を敵視しているのではない。共産主義者を敵視している。そしてユダヤ人はみな共産主義者だ。
そんなことはない！
ユダヤ人に価値などない
プランクの弁明も、火に油でした。
世間はわしが神経衰弱だといっている
それは中傷だ！ わしは鉄の神経をもっている！
プランクはそれ以上何も言えず、部屋から出ていきました。

ドイツの第三帝国《ていこく》時代（一九三三〜四五）にプランクが自分の主義を通すためにいかに苦労したか、いろいろな本に書かれています。彼はユダヤ人科学者の解雇《かいこ》はできるかぎり避《さ》けました。また、彼らが外国で仕事を得られるよう手も貸しました。そして一九三八年、ナチスがプロイセン科学アカデミーを支配下におさめると、抗議《こうぎ》としてアカデミーの総裁《そうさい》を辞任《じにん》し、アインシュタインと量子物理《りょうしぶつり》学《がく》の理論を支持しつづけました。けれども、具体的な抗議活動はしませんでした。ドイツにとどまり、帝国のもとで研究を続けたのです。

プランクは、ナチスの方策《ほうさく》が好きではありませんでしたが、愛国心や民族精神が新たにめばえることで、世の中がよくなるのではないかと期待はしました。ハーンも同じ考えで、ヒトラーを「まるで聖人《せいじん》のように生きている」人物だと擁護《ようご》までしました。プランクは、ナチスの策《さく》略《りゃく》は一時的なものだと信じていたので、ユダヤ人の同僚《どうりょう》にこう助言しました。「海外旅行を楽しみなさい……帰ってきたら、現政府のいやなものはすべてなくなっていますよ」。

解雇されるまでマイトナーと教えつづけるよりはと自分から退職《たいしょく》したシラードは、同僚たちが奇妙《きみょう》にも現状を受けいれているのをこう表現しました。「彼らはみんな、教養あるドイツ人はあまりにも不愉快《ふゆかい》な状況《じょうきょう》になれば、がまんなどしないだろうと考えていました……。そして、「では、この考え方に反対してどうなる？……自分の影響力《えいきょうりょく》を失うだけだ。反対する意味がないだろう？」などと言うのです。つまり、まったく、あるいはほとんど、倫理的《りんりてき》な観点で事態を見てはいなかったのです」。

これこそ、マイトナーがプランクを説得できなかった点です。プランクがユダヤ人排斥《はいせき》の法律に屈《くっ》したことで、マイトナーは愛する第二の祖国が消えていくのを感じました。ドイツは今やファシスト独裁《どくさい》国家であり、すべてのユダヤ人を排除《はいじょ》しようとしていました。

それでもまだ、マイトナーはとどまっていました。

第 15 章

行くべきか、残るべきか

マイトナーは、気づけばどんどん孤立していました。友人だった科学者たちから無視されているのです。ドイツ系ユダヤ人はみな去りましたが、オーストリア系ユダヤ人の彼女にはまだ研究室がありました。

自分よりも、物理学者になったばかりの甥のオットー・ロバート・フリッシュのほうが心配でした。ハンブルクの**オットー・シュテルン**のもとで研究していたのに職を失ったのです。シュテルンもユダヤ人でアメリカに脱出したためでした。

心配
しないで
リーゼ
おばさん。
なんとか
なるよ

フリッシュはローマのエンリコ・フェルミのもとで研究員として働けることになりました。フェルミは、ハーンやマイトナーと研究内容が近く、注目されていた物理学者でした。

ところが、フリッシュはハンブルクから追放されたため、研究員の資格を失ってしまいました(「専門家」ではなくなったのです)。ローマに行けなくなり、今やドイツでもオーストリアでもユダヤ人を受けいれる研究所はありません。

フリッシュはロンドンに移り小さな大学に就職しました。名門でも高給でもありませんが、とにかく仕事はできます。おばにも移住をすすめました。けれども、これまで何度もくりかえしたとおり、マイトナーはことわったのです。

アメリカやイギリスの大学には優秀な大物ユダヤ人科学者がおしよせていました。そのうえ女性など、ほしがるわけがありません。歓迎されるとは思えなかったのです。自分の研究室の中にいれば安全に思えました。とりあえず今は。

ベルリンは、またたく間に変化していきました。ドイツ系《けい》ユダヤ人が職場から追い出された直後、マイトナーは「非アーリア人」として正式に登録するよう求められました。科学界は特に「ユダヤ人一掃《いっそう》」の標的にされました。なぜなら、人口の一パーセントにすぎないユダヤ人が、ドイツの科学者の二〇パーセントを占《し》めていたからです。熱烈《ねつれつ》なナチス党員《とういん》でノーベル物理学賞受賞者の**フィリップ・レーナルト**は、「大学やアカデミーの有力な地位にもユダヤ人が多く採用されたため、すべての科学知識の基礎《きそ》である自然そのものの観察が忘《わす》れられ、もはや有効《ゆうこう》とはみなされなくなった……。ユダヤ人による科学への有害な影響《えいきょう》のもっとも顕著《けんちょ》な例は、アインシュタイン氏の「理論」だ」と記しています。あらゆる科学のなかで、よりによってマイトナーの愛する物理学が、ナチスの特別な標的なのでした。

自身には危険《きけん》がおよばない「アーリア人」のハーンは、一九三三年七月にアメリカでの講義《こうぎ》を終えてベルリンに帰ってきました。ドイツの報道メディアがユダヤ人のあつかいを誇張《こちょう》していると不満を述べていたハーンは、ベルリン大学から多くの友人や同僚《どうりょう》が姿を消したのを目《ま》の当たりにし、プランクに抗議《こうぎ》として辞職《じしょく》し、ユダヤ人同僚のために上級の職にいる科学者に発言させてはと提案しました。けれどもプランクは、事態を悪化させるだけだと拒否《きょひ》しました。仮に三〇人が声をあげると、彼らはその結果職を失い、べつの一五〇人が三〇人の意見には反対の立場をとって、三〇人分の空席をねらって出世しようとするというのです。そんな危険をおかす科学者はそうそういません。むしろ「アーリア人」の科学と自分の出世を押《お》しとおそうと躍起《やっき》になっている人たちのほうが、圧倒的《あっとうてき》に多いのです。プランクは皮肉を言っているのではなく、ただ現実的なのでした。

アメリカから、アインシュタインはドイツの友人たちに手紙を書き、帝国《ていこく》に銀行口座《こうざ》、アパート、別荘《べっそう》など、資産《しさん》をすべて差しおさえられてしまったので、助けてほしいとたのみました。ヒトラーが権力をにぎっており、もうドイツに帰る理由もないため、アインシュタインはアメリカにとどまりました。彼に対するしつこいいやがらせについては、世界中の物理学者が知っていました。応援《おうえん》の気持ちはあっても、怒《いか》りのスピーチやデモはおこないませんでした。世界中でユダヤ人に何が起きているのか、ほとんどだれも関心がなく、新聞もこの変化についてふれもしませんでした。

ドイツでは、そこらじゅうに兵士がいました。研究所や大学など、あらゆる公共施設《しせつ》にナチスの旗や横断幕《おうだんまく》がかかげられました。拡声器《かくせいき》から演説が流れ、黒光りするブーツをはいた兵士の隊列が行進し、息ぐるしい軍国主義が都市や村に広がっていきました。ヒトラーは約束どおり、ドイツをかつての偉大《いだい》な国にもどそうとしていました。食料はまだ不足していても、新しいナショナリズムに国民は満足し、ドイツ人であることを誇《ほこ》りに感じたのです。満腹にはなれなくても、少なくとも新たな自信をもてました。ユダヤ人でないかぎりは。

第 16 章

科学のナチス化

1933 年 9 月 6 日、マイトナーは恐れていた知らせを受けとりました。ベルリンが属するプロイセン州の教育大臣ルストが、ベルリン大学での彼女の身分をうばったのです。もう教えられません。
4 月に正直に書類に記入したせいでした。非アーリア人なのをかくそうとは思わなかったのです。
マイトナーはプランクに、とりなしてもらいたい、自分の仕事の価値を説明してほしいと、たのみました。プランクはハーバーのときにすでに失敗していたので、こんどは動こうとしませんでした。女性ははるかに望みうすなのです。

しかし、ハーンはルストに手紙を出し、マイトナーの研究者としての重要性を訴えました。返事はなく、ハーンもそれ以上何もしませんでした。
同じ月、プランクはハーンに、ハーバーを引きついでカイザー・ヴィルヘルム物理化学・電気化学研究所の一時的な所長をつとめてほしいとたのみました。ハーンは引きうけました。
ハーンは、ハーバーがこばんだことを実行しました。物理化学・電気化学研究所のほぼ全員を解雇して、ナチスが任命した所長がやってくる前に職場を一掃したのです。

今やカイザー・ヴィルヘルム物理化学・電気化学研究所の所員は全員ナチス党員《とういん》で、研究の焦点《しょうてん》は毒ガスにしぼられることになりました。ハーンはそれを「不快で、むくわれない仕事」であり、無理やりさせられただけだと主張しました。マイトナーとの関係は、ハーンにとって綱《つな》わたりのようなもので、マイトナーを擁護《ようご》しながらも、自分の立場をあやうくするほどのことは決してしませんでした。彼女とつきあいがあるというだけで、じゅうぶん危険《きけん》でした。「L・マイトナーの存在《そんざい》のせいで……状況《じょうきょう》はよくなかった。そのせいで、わたしはいつもカイザー・ヴィルヘルム協会の年次総会の夕食の席では、自分の地位、年齢《ねんれい》、勤続《きんぞく》年数に対してずっと低い位置の席にすわらされていた」。ハーンは、こうした侮辱《ぶじょく》を「つらい経験」だったと書いています。ユダヤ人との仕事が自分の評判をそこねているのがはっきりすると、ハーンはマイトナーとの共同研究をとりやめました。それでも、ハーンは研究結果の物理学的な解釈《かいしゃく》をマイトナーにたよりつづけました。それは、自分が化学の面からしか理解できないからでしたが、いっしょに論文《ろんぶん》を提出することはもうありませんでした。マイトナーの名前は、ふたりがそれまでに発表した論文からも削除《さくじょ》されてしまいました。それも学術界のユダヤ人粛清《しゅくせい》の一部でした。

マイトナーは、自分が消されたことに気づきました。すでに受賞した賞がうばわれることはありませんが、彼女はもはや立派《りっぱ》な頭脳《ずのう》の小柄《こがら》な女性ではありませんでした。「ユダヤ人女性」であり、政治的にマイナスになる存在だと、うわさされました。そのときカイザー・ヴィルヘルム化学研究所で研究をしていた化学者クルト・ヘスは熱心なナチス党員で、「ユダヤ人は研究所を危険にさらす」から除籍《じょせき》するべきだと論《ろん》じました。マイトナーはもう教えることはできなくても、まだ研究室はもっていました。水曜日の定例セミナーにも参加できず、自分の研究を公《おおやけ》の場で話せもせず、公的な地位はまったくありませんでしたが、少なくとも自分の仕事だけはできました。ひとりぼっちで、学生も助手も同僚《どうりょう》もなく、自分と物理学だけ。中年だというのに報酬《ほうしゅう》も肩書《かたが》きもなく、倹約《けんやく》して働いていた駆《か》け出《だ》しのころに戻り、べつの意味で地下室のようなところにもどってしまったのです。

ハーンには新しいパートナーが必要でしたが、協力してくれる物理学者が見つからず、若手の分析《ぶんせき》化学者**フリッツ・シュトラスマン**に目をつけました。シュトラスマンはマイトナーを尊敬《そんけい》していて、マイトナーがユダヤ人だからというだけの理由で自分が後任《こうにん》になるのは納得《なっとく》がいかないと思っていました。ハーンとちがい、彼はナチスに対して積極的に反対姿勢《しせい》をとりました。一九三三年には、ナチスの支配下におかれたドイツ化学会を抗議《こうぎ》として退会しました。ブラックリストにのって職を失いましたが、マイトナーの働きかけで、ハーンが彼に低賃金《ていちんぎん》で助手の職をあたえました。ハーンのパートナーになれば、パートナーとしての本来の給与《きゅうよ》はもっとよいはずでしたが、ナチス党への参加を拒否《きょひ》したため、罰《ばつ》として給与が本来の四分の一にへらされたのです。マイトナーは、シュトラスマンが妻子を養っていると知り、化学研究所独自の準備金から報酬を少し上乗せするよう、ハーンに提案しました。

職員や同僚は問題をかかえると、決してハーンに相談はしません。彼らが相談したのはマイトナーで、それは正式な肩書きを失ってからでもかわりませんでした。そして、マイトナーがハーンやプランクやラウエに話をもっていったのです。ある職員が、「彼女は研究所の真の中心人物でした」と書いています。マイトナーは、研究所の全員を深く気にかけていました。休《きゅう》暇《か》はいつも、仲間の物理学者たちと外出しました。彼らは、彼女の家族でした。

当然、マイトナーはシュトラスマンを援助《えんじょ》しました。自分の場をうばった者ではなく、ハーンには欠かせない人材として見ていたのです。マイトナーはこの若き化学者の徹底《てってい》した仕事ぶりに感心していました。そして、反ナチス的な姿勢をありがたくも思っていました。シュトラスマンは、マイトナーの知らないところで、じつはもっと積極的な行動もとっていました。ベルリン大学の生物学教授が、ゲシュタポ(ナチスの秘密警察)から逃《のが》れてきたユダヤ人女性アンドレア・ヴォルフェンシュタインをかくまってほしいとシュトラスマンにたのんできたとき、彼はためらいませんでした。見ず知らずの女性をすぐに自分のアパートであずかり、自分だけでなく、妻と三歳《さい》の息子の命も危険にさらしたのです。階下の隣人《りんじん》たちはナチスを信奉《しんぽう》していたので、ずっとはかくまえないとわかっていましたが、より安全な場所が見つかるまでとどまらせたのです。

フリッツ・ハーバーは、ドイツを離《はな》れてイギリスのケンブリッジ大学で研究していました。けれども、かつて彼が研究開発した化学兵器がイギリス兵に対して使われたため風当たりが強く、パレスチナに新設される研究所の所長になることにしました。ところが、パレスチナへ向かう道中、一九三四年一月二九日スイスで、心臓《しんぞう》発作により亡《な》くなってしまったのです。ハーバーをカイザー・ヴィルヘルム物理化学・電気化学研究所にとどめようと必死に闘《たたか》ったプランクは、公式追悼式《ついとうしき》の予定が発表されるのを待ちました。なんといってもハーバーは、「空気からパン」(化学的に肥料《ひりょう》をつくる工程を発明)だけではなく、「空気から火薬」(アンモニア合成のべつの用法を発明)をつくりだした、戦争の英雄《えいゆう》でした。彼の発明がなければ、大戦でドイツはずっと早い段階《だんかい》で負けていたでしょう。その名誉《めいよ》すべてが、ユダヤ人だからというだけで、ルター派《は》に改宗《かいしゅう》していたにもかかわらず、けがされてしまったのです。マイトナーは、自分がキリスト教の洗礼《せんれい》を受けていても安全ではないと気づきました。

月日が流れても、これほど重要な科学者を追悼する公式の言葉は何も出されませんでした。新聞の追悼記事すらなかったのです。そのため、ラウエが勇敢《ゆうかん》にも新聞に追悼文を書いたのですが、「ユダヤ人好き」と非難《ひなん》されてしまいました。名前に「フォン」がついていて(マックス・フォン・ラウエ)貴族《きぞく》のように聞こえるおかげで、最悪の事態にはならずにすみました。

プランクは、自分で追悼式典を準備しようと決めました。ハーバーの死から一年後の一九三五年一月二九日におこなうと決め、ベルリンのドイツ物理学会とドイツ化学会の会員、大学教員、各カイザー・ヴィルヘルム研究所の研究者、化学系《かがくけい》の企業《きぎょう》などに招待状《しょうたいじょう》を送りました。一九三五年一月一七日、ベルリンの新聞が式典の開催《かいさい》予定を報じました。すると、この反政府的な発表に対して、教育大臣ルストが、「いかなる場合においても、国家のために働く者(つまり大学教授)がこのような集会に出席することは許されない」と警告《けいこく》を発しました。

マイトナーは、プランクが標的になるようでは、さらには自分も標的にされることになると心配しました。尊敬してやまない故人《こじん》に敬意《けいい》を表したい気持ちと、ナチスとの問題をこれ以上ふやしたくない気持ちのあいだで、心がゆれました。どんな追悼式典だろうと、故人であるハーバー自身が気にするわけではありません。彼の家族はもうドイツにはおらず、式典に参列もしないでしょう。それでも、プランクは脅《おど》しに屈《くっ》せず、「警察に連行されないかぎり、必ず式典をおこなう」と言いきりました。このぬきんでた科学者の生前にはヒトラーを説得できなかったので、これが故人にできるせめてものおこないだったのです。

ハーンは、プランクについて「あらゆる困難《こんなん》にもかかわらず、式典を決行するのを興奮《こうふん》して喜んでいた……といっても、おそらく……(ナチス)党に送りこまれた集団が、わたしたちの入場を力ずくで阻止《そし》しようとするだろうが」と書いています。

会場の入り口には、警告文が大きく掲示《けいじ》されました。


［カイザー・ヴィルヘルム研究所群］の全所員、すべての大学教員、帝国技術科学労働協会《ていこくぎじゅつかがくろうどうきょうかい》の全グループの会員は（中略）ユダヤ人フリッツ・ハーバーの追悼式への参加を禁止する。


ハーンとプランクはドアを開けて入りました。マイトナーは、ふるえをおさえながら、そのあとに続きました。

講堂《こうどう》は満員でした。

ハーンがつぎのように書いています。「ハルナック・ハウスのすばらしい大広間は……満員だった……。出席者のほとんどは女性で、ベルリン大学の教授やカイザー・ヴィルヘルム協会会員の妻たちだった……。人としても科学者としても重要だった人物との最後の別れを、むごくも禁止されてしまった夫たちの代理で参列したのだ。

顧問官《こもんかん》プランクは、ハーバーが「アンモニア合成という」みごとな発見をしなければ、ドイツは大戦の最初の三か月で経済的《けいざいてき》にも軍事的にも崩壊《ほうかい》していただろうと指摘《してき》し、故人をたたえる言葉を述べた」。

出席するなという警告にもかかわらず、IG《イーゲー》ファルベン社の代表をはじめ、参列者は熱心に話に耳をかたむけました。ナチス政府はハーバーをユダヤ人として嫌悪《けんお》していましたが、ドイツの化学工業界は、農作物に栄養をあたえる肥料と敵《てき》を殺す毒ガスの製造への貢献《こうけん》という奇妙《きみょう》な組み合わせの遺産《いさん》を残したハーバーを高く評価していました。会場の後方にはナチスの兵士が立ち、室内は緊張感《きんちょうかん》につつまれていましたが、演説は予定どおりおこなわれ、音楽が流れて終了しました。兵士たちはドアを開け、出口の両わきにならび、IGファルベン社のビジネスマンたちが出てくるのを待ちました。ナチスも化学大企業の支援《しえん》はほしかったのです。プランクは背筋《せすじ》をのばして出ていきました。マイトナーは、今にもつかまえられるのではと、息をひそめて会場をあとにしました。兵士たちは静かに立っているだけでした。だれも逮捕《たいほ》されませんでした。ユダヤ人でさえも。

第 17 章

さらにひどくなるのか？

その年の後半、1935 年 9 月にニュルンベルク法が成立しました。

ドイツ人の血と名誉を守るための法律

ユダヤ人とドイツ人が結婚または結婚関係以外で性的関係をもつことはすべて違法。ドイツ人の純粋な血は、「ユダヤ人のけがれ」から守られなければならない。

市民権法

国民になれるのは「ドイツ人の血」をもつ者のみ。

「人種主義国家の敵」であるユダヤ人は国民になれない。

(この法律はのちに拡大され、黒人やロマ(ジプシー)の人々も国民から除外された。)

市民社会の諸法規

ユダヤ人は非ユダヤ人と商取引してはならない。

ユダヤ人は旅行をしてはならない。

ユダヤ人はバスや路面電車に乗ってはならない。

ユダヤ人は、全資産の 90 パーセントを国に引きわたさないかぎり、国外に出てはならない。

ユダヤ人は学校に通ってはならない。


またもや、外国でもドイツ系ユダヤ人の仲間のために声をあげる科学者はいませんでした。抗議も、暴動デモもありませんでした。

マイトナーは孤立を感じました。尊敬し信頼していた人々も、また自分を尊敬し信頼していたはずの人々も、このひどい仕打ちをだまって見ていました。

ユダヤ人やユダヤ人と結婚していた科学者 2000 人がドイツから脱出しました。

のちに、彼らは幸運だったとわかるのです。

　マイトナーは、おそろしい話をいろいろ聞きました。そのひとつが、仲間の量子物理学《りょうしぶつりがく》提《てい》唱者《しょうしゃ》であった**マックス・ボルン**に起きたことでした。ボルンは一九三三年にはドイツを離《はな》れてイギリスにいました。そこにハイゼンベルクが、ナチス政府からの正式な提案をもって会いにきました。提案の内容は、これまでのようにドイツのゲッティンゲン大学で教えることは許されないが、ユダヤ人でありながらも重要な研究を継続《けいぞく》できるというものでした。寛大《かんだい》な申し出だとハイゼンベルクは主張しました。ボルンは誘惑《ゆうわく》にかられましたが、家族がいっしょに行けないとわかり、ことわりました。そして、出発を急いで残してきた荷物をまとめるために、妻とともにゲッティンゲンにいったんもどったときに、もうドイツには決して帰れないとはっきりわかりました。そのときのようすを、ある同僚《どうりょう》がこう語っています。

「H（ハイゼンベルク）は当時ゲッティンゲン大学の教授になっていて、ボルン一家がたずねてくると、反ユダヤ的な皮肉や悪態を浴びせ、最後にはマックス・ボルンの足元につばをはいたのです！……のちに、ボルン夫人から聞いたときの、最後の言葉が決して忘《わす》れられません。

一言、こう言ったのです。「かわいそうにマックスは泣きました」*。
マイトナーはハイゼンベルクとも知り合いだったので、ぞっとしました。そんな残忍《ざんにん》な人だとは思ってもいなかったのです。そして、重要な事態が起きたときに、自分の友人や同僚のなかで、だれを信頼《しんらい》したらいいのだろうと思いました。

*　このときボルンがゲッティンゲンに戻ったかどうかについては異《こと》なる説もある。

第 18 章

新分野、放射性物理学

マイトナーの専門である放射性物理学は、ものすごい勢いで発展していました。マイトナーは政治や社会のできごとには目をむけないようにしながら、科学に注力しました。課題は山のようにあったのです。

ローマの物理学者**エンリコ・フェルミ**は、さまざまな元素に**中性子**をぶつけて、興味深い結果を得ました。なかでも、重い元素にぶつけると、元の元素よりも重い、新しい**同位体**が放出されるようなのです。既知の天然元素のなかでもっとも重いウランに中性子をぶつけると、いくつもの放射性物質が生成されました。フェルミは、ウランよりもさらに重い「超ウラン元素」ではないかと考えました。だれもがフェルミのあとを追い、超ウランを見つけようとしました。

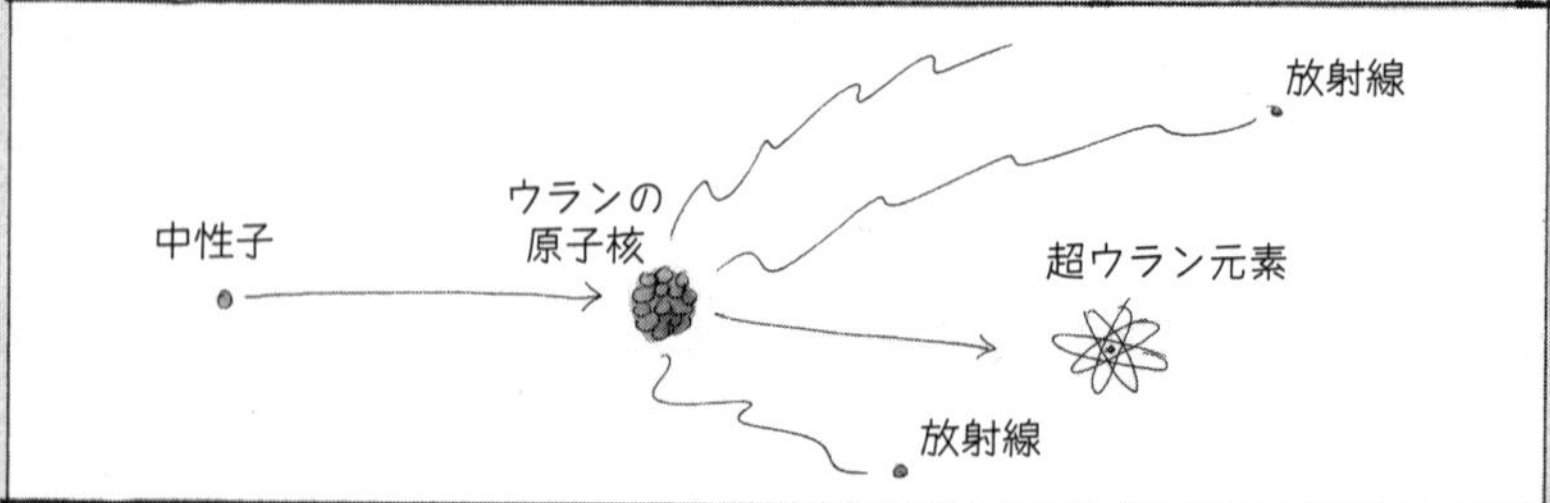

フェルミらは、中性子が原子核にぶつかると、中性子が原子核に捕獲されて原子の質量がふえることがあり、その元素はより重い同位体に変化すると考えました。それにより、ウランが中性子を捕獲して、超ウランになると思ったのです。けれども、実際には、それとはまったくべつの現象が起きていました。それをマイトナーが発見したことによって、これら初期の研究すべてが、物理学の歴史ではただの補足情報のようになってしまいました。

もう何年もマイトナーと仕事をしていなかったハーンと彼の新しいパートナー、シュトラスマンは、この新しい研究(ウランへの中性子照射《ちゅうせいししょうしゃ》)で彼女との共同作業を再開しました。どんな実験を準備し、何に注目し、結果をどう解釈《かいしゃく》するかといった、マイトナーなしにはできないことを三人は話しあいました。危険《きけん》をおかしてでも、マイトナーの力が必要でした。放射性元素《ほうしゃせいげんそ》は、**マリー・キュリー**にみられるように、化学者の研究対象でした。けれども、ウランへの中性子照射については物理学の領域《りょういき》で、原子《げんし》構造《こうぞう》の理解が必要でした。三人は、一九三五年と一九三六年に、**超《ちょう》ウラン元素《げんそ》**に関する論文《ろんぶん》を八本発表しました(女性科学者に対する偏見《へんけん》を避《さ》けるため、以前のように再びＬ・マイトナーとして記載《きさい》されました)。超ウランとは何か、それは原子レベルでどのように生成《せいせい》されるのかを解明しようとする科学者たちの会話に、この三人は欠かせない存在《そんざい》でした。

　実験の結果は、とても入りくんでいて、解釈しづらいものでした。実際、エンリコ・フェルミはデータが矛盾《むじゅん》するのでもう無理だと、超ウランの研究を完全にやめてしまったほどです。

ハーン、シュトラスマンとマイトナーは超ウランの研究を続けました。一九三六年秋、ハーンは研究発表の講演《こうえん》をドイツ化学会に依頼《いらい》されました。そして、ユダヤ人とのつながりを公《おおやけ》にするのはリスクが高いというのに、勇敢《ゆうかん》な態度をとりました。この研究のパートナーであるマイトナーがいっしょに招待《しょうたい》されなかったので、講演をことわったのです。友人への手紙でつぎのように説明しています。「リーゼ・マイトナーがわたしと同じく全力でとりくんだ研究なのに、わたしの名前しか出ないのです。その理由は、もちろん、どうすることもできない(政治的な)状況《じょうきょう》が関わっています。けれども、わたしだけのものではない業績をわたしが独り占《ひとりじ》めするのは正しくありません」。共同研究でハーンがマイトナーの役割を重要と認《みと》めたのはかなりめずらしいことでした。このあとハーンは、そうすべきときにそうしなかったのですから。

第 19 章

ユダヤ人は去れ

はじめのうちは、安全だと感じていました。マイトナーはドイツ系ユダヤ人ではなく、オーストリア人だったからです。両親も兄弟姉妹もウィーンでぶじでした。

講義はできなくても、研究はできたし、研究所所有のアパートにも住んでいられました。ユダヤ人排斥の法律はよく知っていましたが、自分が逮捕されるかもとは思いもしませんでした。

マイトナーはベルリンで研究しつづけたかったのですが、世界中の科学者が心配して彼女のためにドイツ国外の仕事をさがしました。スウェーデン、オランダ、デンマーク、イギリス、アメリカとあたっても、ユダヤ人難民が多すぎて求人がありません。行ける研究室がなければ、マイトナーはベルリンを離れないでしょう。

物理学ができないなら、行く意味がないのです。

1938 年 3 月、ドイツがオーストリアを併合。

とつぜん、マイトナーのオーストリアのパスポートは無効になりました。ドイツから出てほかの国に行くことはできなくなりました。法的にはどこの国民でもなくなってしまったのです。

マイトナーの立場はあやうくなり、ユダヤ人科学者に対する暴言《ぼうげん》もますますひどくなっていきました。一九三八年四月、「アーリア人の物理学」を提唱《ていしょう》した著名《ちょめい》な物理学者**ヨハネス・シュタルク**は、科学雑誌《ざっし》『ネイチャー』に「科学における「ユダヤ人の精神」」と題する文章を寄稿《きこう》しました。

昨年七月、数人の通信員から……「科学における白いユダヤ人」と題した記事が送られてきた。……その主題は、国家の政治、文化、経済的《けいざいてき》生活からすべてのユダヤ人を排除《はいじょ》するだけでは不じゅうぶんで、ユダヤ人精神を絶滅《ぜつめつ》すべきであるというものだ。そのユダヤ人精神は特に物理学の分野で顕著《けんちょ》にみられ、筆頭《ひっとう》にあげられるのがアインシュタイン教授である。（中略）科学からユダヤ人精神を消しさることは、最優先《さいゆうせん》の急務《きゅうむ》である。ユダヤ人知識階級が国民生活のあらゆる領域《りょういき》に大きく関わる状態が続いているのは、科学という分野が重要な役割を果たしているからである……

マイトナーは、帝国《ていこく》が「絶滅」させたい、まさにその分野の研究者です。カイザー・ヴィルヘルム化学研究所にいるナチスのクルト・ヘスは彼女を追放したがっていました。

マイトナーは研究室にこもってはいられなくなりました。自分にはいつでもあると思っていた選択肢《せんたくし》は、もう存在《そんざい》しないのです。ハーンはマイトナーについて、カイザー・ヴィルヘルム協会の財務担当《たんとう》理事である化学者のハインリヒ・ヘールラインに相談しました。けれども、ヘールラインにマイトナーは辞職《じしょく》すべきだと言われ、マイトナーにそれを伝えなくてはなりませんでした。マイトナーに泣きつかれても、ハーンはどうしようもありませんでした。マイトナーの心配ごとにかまってなどいられません。わが身が心配でした。マイトナーが研究所に問題をもたらしているのです。その存在のせいで、政府の資金《しきん》や支援《しえん》を失う危険《きけん》があったのです。ハーンは、自分のパートナーで同僚《どうりょう》だった人物をかばうのではなく、辞任《じにん》をせまりました。たったひとり残っているユダヤ人で、だれも彼女にとどまってほしくありません。マイトナーは追いつめられたと感じ、おそろしくて悲しくてたまりませんでした。「ハーンに、もう研究所に来てはいけないと言われた」と日記に書いています。

それでも、マイトナーは研究室に通いました。ハーンには来るなと言われました。その裏切《うらぎ》りにマイトナーは深く傷《きず》つき、ずっと許すことができませんでした。彼女は日記に「彼は、まさにわたしを放り出したのです」と記しました。ハーンも自分の記録に、「リーゼはとてもきげんが悪く、わたしにまで見すてられたと、おこっていた」と書いています。

マイトナーをかばった同僚はほんの数人でした。そのひとりが、プランク退任《たいにん》後にカイザー・ヴィルヘルム協会の会長をつとめていた**カール・ボッシュ**でした。ハーンはボッシュに会うと、「やっかいなユダヤ人問題」を解決するためにマイトナーを辞任させようと提案しましたが、ボッシュは、協会は政府でなく自分の指揮《しき》下《か》にあり、マイトナーはとどまるべきだと、きっぱり言いかえしたのです。

つづいて、住んでいたアパートにももう住めないと言われました。研究所の職員宿舎《しゅくしゃ》だったからです。もう研究所の所員ではないので、そのまま住みつづけることはできません。すでにほかの科学者たちが、マイトナーが何十年も住んだ家に住もうと順番を待っていました。マイトナーは落ちこんだ気持ちで、ホテル・アドロンの一室に移りました。どうしていいかわからないまま、ハーンに共同研究をことわられたというのに、研究室に通いました。わずかな貯金で、なんとかふつうの生活をしようと必死でした。

マイトナーは、自分が望ましくない者のリストにのっているのを知りませんでした。ある科学新聞が、のちにこう報じています。「物理学ほどドイツの北方人種《ほっぽうじんしゅ》が活躍《かつやく》した科学分野は稀《け》有《う》である。だが、アインシュタインのようなユダヤ人の輩出《はいしゅつ》という、残念な特徴《とくちょう》をもつ分野もまたほかにない……。ダーレムの各カイザー・ヴィルヘルム研究所の運営は世界中のユダヤ人とユダヤ人支持者から影響《えいきょう》をうけ、そのおかげで多くのユダヤ人が高い地位につき、研究所を壊滅的《かいめつてき》にした。この研究所の設立は、物理学にユダヤ人が殺到《さっとう》する前ぶれだった。ユダヤ人のハーバー……**ユダヤ人女性のリーゼ・マイトナー**……ジェイムズ・フランク……」。ユダヤ人の名前のあとには、その人物がどこで働いているか、当時の職場の長いリストがつづき、カイザー・ヴィルヘルム研究所からはユダヤ人の汚点《おてん》がほとんどとりのぞかれたと示していました。まだ研究所にいるのはマイトナーだけです。ほかはみな男性で、イギリスやアメリカに逃《のが》れてポストを得ていました。

ドイツ国内ではほとんどの人に助けてもらえませんでしたが、海外の仲間が手を差しのべてくれました。スイスのある物理学者は、チューリッヒで講演《こうえん》しないかとマイトナーを招きました。ジェイムズ・フランクはシカゴ大学でなんとかなるかもしれないと考え、ニールス・ボーアはコペンハーゲンの研究所に招きました。ボーアの申し出が、いちばん魅力的《みりょくてき》で具体的でした。すぐれた研究室での正式な職だったのです。住居からも職場からも追い出され、完全に孤《こ》立《りつ》していたマイトナーは、ようやくベルリンを離《はな》れる決意を固めました。そしてコペンハーゲンに行くと、ボーアに伝えました。

ところが、デンマークはマイトナーを歓迎《かんげい》しませんでした。オーストリアのパスポートが無効《むこう》な状態では、デンマーク領事館はビザを発行できないのです。

ボッシュは、ハーンが自分勝手だと激怒《げきど》し、マイトナーのためにできるかぎりのことをしました。国外「旅行」(ドイツを永久に離れることを意味しています)をできるよう、出国許可証を申請《しんせい》しました。帝国内務《ないむ》大臣ヴィルヘルム・フリックに手紙を書きおくり、マイトナーの中立国スウェーデン、デンマーク、スイスへの渡航《とこう》を正式に許可してくれるよう求めました。

ボッシュはつぎのように書いています。「マイトナー女史は非アーリア人ですが、重要な科学的発見に貢献《こうけん》しているため、全官庁《かんちょう》の同意を得て、その地位の維持《いじ》が許されており……。本件のすみやかな解決が非常に望ましいと考えます。オーストリアのパスポートを所持しているマイトナー女史に、ドイツへの帰国が可能な許可証を出して国外での就職《しゅうしょく》を可能にするか、あるいはドイツのパスポートを発行するかという点だけの問題です。ハイル・ヒトラー!」。

この手紙の苦しい理屈《りくつ》から、ボッシュがナチス当局から自分の望むとおりの結果を引き出せるよういかに必死だったかが伝わってきます。まず、ボッシュはマイトナー女史を、非アーリア人とはいえ、よい非アーリア人だと紹介《しょうかい》しました。そのうえで、この問題にふたつの解決策《かいけつさく》を提案しました。ひとつは、マイトナー女史はドイツにもどるつもりで、渡航の目的は仕事だけだと相手国に保証する出国許可証の発行。もうひとつは、有効《ゆうこう》なドイツのパスポートを発行して、本人が海外のビザを申請できるようにすること。手紙の最後では、公式文書の書式にのつとって、ヒトラーへの忠誠《ちゅうせい》をちかっています。

返事がきたのは数週間後でした。ボッシュがホテルにいるマイトナーに電話を入れ、彼女はボッシュが読みあげる内容を書きとめました。

帝国大臣フリック博士の命により、先月二〇日付の貴殿《きでん》の書簡《しょかん》への回答として、マイトナー教授の出国許可証あるいはパスポートを発行することは政治的にできかねる旨《むね》、ここにご報告申しあげます。著名なユダヤ人が国外におもむき、ドイツ科学界の代表としてその思うところを表明することは、ドイツの利益に反し、望ましくないものと思われます。

マイトナーは収入《しゅうにゅう》を得られません。物理学もできません。そして今や、ドイツを離れることもできなくなりました。行きどまりでした。

第 20 章

パスポートの問題

マイトナーは自分が忘れさられたと思っていましたが、じつはそうではありませんでした。科学界の仲間が、安全にドイツを出る方法を探っていたのです。

パウル・シェラーは、マイトナーをチューリッヒに招いたスイスの物理学者で、偽造パスポートが使えると考えました。

パウル・ロスバウトは、マイトナーの数多くの論文の発表に関わった科学編集者で、偽造パスポートを入手するつてがありました。ユダヤ人の妻と娘をイギリスへ逃がして、自分はナチスに抵抗しようとドイツに残っていました。イギリスのスパイ活動に協力しており、情報源としてマイトナーがほしかったのです。

ニールス・ボーアは仲間に手紙を出しパスポートなしでデンマークに入国させる方法を探りました。

オランダの物理学者アドリアーン・フォッカーは、出国しようとしたらつかまるのではと心配しました。収容所に送られるおそれもありました。ハーンに助けを求めたくても、信用できませんでした。

ディルク・コスターもまたオランダの物理学者ですが、危険でも脱出するべきだと思いました。ユダヤ人にとって状況はますます悪くなっているのです。「望ましくない者」とされて、何の法的権利もありません。

偽造パスポートの提案はマイトナーにとって衝撃的でした。なんとか自分なりの方法をさがそうとしました。

1938 年 6 月 15 日の日記に、「問いあわせに行った。技術者と研究者は出国を認められなくなる」とあります。

仕事が見つからないと言っている場合ではなくなりました。フォッカーとコスターは、マイトナーを逃がそうと決めました。そうするしかないのです。

科学界の仲間たちによってマイトナーを帝国《ていこく》から脱出《だっしゅつ》させることは決まりましたが、問題はその方法でした。マイトナーがたとえ危険《きけん》をおかしてでも逃《に》げる気になるよう、科学者たちは彼女が脱出した先で物理学の研究を進められる道をさがしました。フォッカーもコスターも、パスポートのないマイトナーのオランダ入国を許可するようオランダ教育省に要請《ようせい》しました。教育省は、大学や研究所での職が正式に提示《ていじ》されていなければ入国許可証を発給《はっきゅう》できないと答えました。また、外国人は有給《ゆうきゅう》では働けないと、法務省《ほうむしょう》から念をおされました。無給《むきゅう》でもとにかく講師《こうし》の資格が必要ですが、教授陣《じん》に承認《しょうにん》されなければなりません。あいにく、ちょうど夏休み中で、教授に連絡《れんらく》をとりにくい時期でした。入国許可証に必要な仕事はもらえそうもありませんでした。

　フォッカーとコスターはあきらめませんでした。つぎに、オランダ法務省に相談しました。マイトナーへの資金援助《しきんえんじょ》も考えて、フィリップス社のX線部門をはじめ、オランダ放射線《ほうしゃせん》産業の上層部《じょうそうぶ》にも手紙を送りました。少額は寄せられたものの、たいした金額にはなりませんでした。有給の仕事ができない状況《じょうきょう》で、どう暮《く》らしをたてたらよいのでしょう。すでに六〇歳《さい》でしたが、カイザー・ヴィルヘルム化学研究所から年金を受けとれるのかもわかりません。ナチスがユダヤ人の財産を差しおさえたことを考えれば、望みうすです。とはいえ、お金など気にしている場合ではありません。マイトナーは、はたしてぶじに国境を越《こ》えられるのでしょうか。

一九三八年六月下旬《げじゅん》になり、コスターはこれ以上待つのは危険だと思いました。法務省の返事がくる前に、マイトナーは収容所《しゅうようじょ》送りになるかもしれません。

いっぽう、コペンハーゲンではボーアもマイトナーのために仕事をさがしていました。研究室が待っていれば、マイトナーは違法《いほう》でも国境を越える危険をおかすはずだとわかっていたからです。その時点で一三回もノーベル賞候補《こうほ》にあげられていて、どこの国も大歓迎《だいかんげい》でむかえるはずの科学者でした。とりわけ、中立国のスウェーデンに望みがありそうでした。物理学者仲間の**マンネ・シーグバーン**が、ストックホルムに新しい物理学研究所を建設中でした。原子《げんし》の動きをよりくわしく観察するための粒子《りゅうし》加速器であるサイクロトロンという新しい大型装置《そうち》に注力しているところでしたが、シーグバーンはマイトナーの職を見つけることを承諾《しょうだく》しました。彼女がおこなう実験作業には、広い場所も高価な装置もいらないのです。

郵便は信用できないので、シーグバーンは教授をひとりベルリンに派遣《はけん》して、マイトナーと直接話をさせました。使者は彼女に会い、ストックホルムの新しい研究所で一年間有給の職を提供《ていきょう》できると伝えました。マイトナーは迷いました。まだコペンハーゲンのボーアの研究所で彼と働けないかと期待していたからです。そちらはもう承諾していました。さらにもうひとつ受けられるものでしょうか。そもそもスウェーデンへもデンマークへも入国できる渡航《とこう》書類がありません。それに、ボーアとの仕事は刺激的《しげきてき》な挑戦《ちょうせん》になるでしょう。シーグバーンとはさほど親しくもありませんでした。こんなときに選《え》り好《ごの》みをするのはおかしいとわかっていても、どうしようもないのでした。彼女にとっては、食事や快適さ、さらには安全性よりも、自分の研究に適《てき》した場所かどうかが重要でした。使者は、この申し出がもともとボーアの考えで、マイトナーに機会をあたえてくれとボーアがシーグバーンを説得したのだと説明しました。いつかまたコペンハーゲンには行けるでしょう。とにかく今は、ドイツを出て、自分を受けいれてくれる国に行くことが肝心《かんじん》なのです。

オランダ人の物理学者**ピーター・デバイ**は、アインシュタインが去ったのちカイザー・ヴィルヘルム物理学研究所の所長を引きつぎ、担当《たんとう》研究所から「非アーリア人要素」を排除《はいじょ》する命令に従《したが》いました。けれども、その夏はまだ、マイトナーにとどまってほしいと思っていました。しかしコスターから、マイトナーをオランダへ逃がす計画を聞かされて、それが一番よいと同意しました。デバイは、少なくともしばらくは暮らしていける資金をコスターが集めたと彼女に伝えました。オランダに行けば安全ですが、使える研究室はありません。このときはまだスウェーデンかオランダかという選択《せんたく》の余地がありました。何よりも物理学がたいせつだったので、スウェーデンに行くと、マイトナーは最終的にデバイに答えました。

デバイは暗号文でこの知らせをコスターに送りました。コスターにとっては残念なことに、彼女はオランダへは行きません。けれども、放射性元素《ほうしゃせいげんそ》や原子《げんし》構造《こうぞう》をよりいっそう理解するために役だつ研究をするでしょう。

これで、すべてが決まったと思えました。マイトナーは、それまで三〇年過ごした街を離《はな》れるのです。新しい国、それも新しい言葉の国へ移るのです。ウィーンからベルリンに来たときは、だれもがドイツ語を話すので簡単でした。マイトナーはスウェーデン語の勉強が不安でした。この歳《とし》で覚えられるのでしょうか。実験器具も本も何ももっていけません。荷物は服や歯ブラシなど、どうしても必要な最低限のものだけです。

自分の研究室から離れることを心配していると、ボーアから「スウェーデンのビザも職もまだ準備ができていない」という知らせが届《とど》きました。時間ばかりが過ぎていきます。ドイツでは毎日が危険に満ちているようでした。正式な書類があればまだ国境は越えられましたが、ラジオから流れる政治的な演説はますます熱をおび、ドイツのあらゆる問題をユダヤ人のせいにしていました。街にはナチスの突撃隊《とつげきたい》や兵士の足音がひびきわたり、破滅《はめつ》が迫《せま》る気配が重くただよっています。ほとんどの店には、ユダヤ人の入店を禁止する看板《かんばん》がかかげられています。

何の権利もない非国民の印として、ユダヤ人が黄色い星をつけるよう命じられるのは一九四一年になってからですが、さらに懲罰的《ちょうばつてき》な措置《そち》がおこなわれようとしているのは明らかでした。

一九三八年七月四日、ボッシュはハーンに、マイトナーが危険な状態にあると告げました。科学者のドイツ出国を禁止する新政策《せいさく》が徹底《てってい》されると聞いたのです。マイトナーには、決して出国許可がおりないでしょう。違法な手段《しゅだん》をとるしかありません。あぶなくても、このままとどまると、もっと危険になるのです。これを知ったハーンがとった行動はこうでした。当局とめんどうをおこしたくなかったハーンは、マイトナーには言わず、かわりに、ピーター・デバイにこのことを話したのです。

デバイはすぐにマイトナーのところへ行きました。ユダヤ人科学者を逃がさないために、ナチスは全員を逮捕《たいほ》してしまうかもしれません。もう就職口《しゅうしょくぐち》や給与《きゅうよ》の問題ではありません。とにかく一刻《いっこく》も早く逃げることが重要でした。それまで頑固《がんこ》に去ろうとしなかったマイトナーも、どうしようもないと気づきました。遠い昔にマイトナーは父からとても勇気があるとほめられたことがありました。物理学の世界で自分の居場所を求めて闘《たたか》っていたからです。でも、今感じているのは恐怖《きょうふ》だけでした。

デバイはコスターに、ふたりで決めていた暗号を使って手紙を書きました。

「お伝えしていた助手は、決意を固めたようで、もう一度わたしをたずねてきました……。

彼は今、フローニンゲンに行くほうがよいと確信していて(これはここ数日のできごと)、実際それしか道はありません……SOSを受信したかのように、すぐに来てくだされば、妻とわたしもたいへんうれしく思います」。

この男性助手というのがマイトナーを指す暗号でした。フローニンゲンは、コスターが働いているオランダの大学町です。デバイは、同僚《どうりょう》の友好的な訪問《ほうもん》という表現で、急きょコスターを呼《よ》びよせました。コスターはデバイの家に泊《と》まり、その助手を連れてフローニンゲンにもどり、いっしょに仕事をするというわけです。何ひとつはっきり書かれていません。これならば検閲官《けんえつかん》に目をつけられるわけがありません。

普通《ふつう》郵便で送られたこの手紙は、何日もかかってコスターに届きました。コスターはすぐ行動を起こさなくてはならず、デバイへの答えは、郵便を使わず電報を打ちました。

七月九日土、訪問シ助手ニ面会ス

適任ナラバ連レ帰ル

コスターはマイトナーに、もうすぐ助けにいくと知らせたかったのでした。

第 21 章

科学者の密航

マイトナーに無事国境を越えさせるにはどうすれば? コスターはフォッカーに、計画を元にもどして彼女をオランダに連れていこうと告げました。フォッカーは、提出ずみの申請書の状況を問いあわせようとオランダ法務省に電話をかけましたが、土曜の夕方ですでに役人が帰ったあとでした。月曜日まで待たなくてはなりません。
そこで、フォッカーはオランダ国境警備隊の事務所に電話を入れ、なんとか隊長と話しました。そして、マイトナーが重要な科学者で、書類なしでオランダに入国する必要があると説明しました。隊長は好意的で、月曜日に回答すると言いました。

コスターのほうは、荷づくりをすませ、ベルリン行きの列車の切符を買い、今か今かとフォッカーの合図を待ちました。
マイトナーは何も知りませんでした。まだ、スウェーデンに行けるとボーアが連絡してくるのを待っていたのです。

月曜の朝、オランダ法務省からフォッカーに、マイトナーのオランダ仮入国を許可するという連絡が入りました。正式な書類はあとから発行されます。彼はすぐコスターに知らせました。コスターは書類を待たずに、すぐ駅へむかいました。法務省の回答があればじゅうぶんです。フォッカーがオランダ国境警備隊に伝えるでしょう。

ベルリンでは、デバイがまだかまだかとコスターを待っていました。デバイはフォッカーに電報を打ちました。

コスター返事ナシ
即説明ヲ

フォッカーは返事の電報を打ちました。「コスター出発。計画実行中」

コスターはフローニンゲンからベルリン行きの列車に乗りました。これまでに何度も利用したことがある路線でしたが、今回はいたるところにナチスの兵士がいるのに気がつきました。国境では、兵士が通路を行ったり来たりして、パスポートをくりかえしチェックしています。パスポートの不備《ふび》があると、列車からおろされたり、逮捕《たいほ》されたりするのです。コスターはふだんどおりに見えるよう気をつけながら窓《まど》の外をながめていました。オランダの小川や畑、美しいレンガづくりの建物がならぶ街並《まちな》みといった平和な風景が、ドイツの軍国主義的な風景にかわっていきました。中世の建物が鉤十字《かぎじゅうじ》の巨大《きょだい》な旗でおおわれ、その目立つシンボルで歴史的な魅力《みりょく》がだいなしにされています。どこもかしこもナチスの記章《きしょう》だらけで、ナチスの目がすべての人と物を監視《かんし》していると示しています。

コスターは緊張《きんちょう》しながら、マイトナーのためにもってきた書類を確かめ、これで目的が果たせるようにと願いました。正式なパスポートもビザも入国許可証もありません。コスターはマイトナーと、ベルリンからあまり人が乗らないローカル線でオランダのニーウェスハンスという国境の村まで行く予定でした。そのルートなら兵士もそれほど回ってはこず、何かあってもコスターの親しい友人である地元の有力者が助けてくれるでしょう。フォッカーが直接オランダ国境警備隊《こっきょうけいびたい》の隊長に伝えたことも役だつはずです。コスターはオランダ法務省《ほうむしょう》の仮承認《かりしょうにん》のメモ（まったく正式な書類ではありません）を国境警備隊に見せ、何も聞かずに同行者とともに通してくれとたのむのです。もっとも、まずはナチスが彼らをドイツから出国させてくれればの話です。

その夜遅《おそ》く、コスターは、ここ数日の緊張でつかれはてたままベルリン駅に到着《とうちゃく》しました。デバイが同じく緊張して待っていました。デバイの家に到着したふたりは落ちつこうとしましたが、ほんとうに危険《きけん》なのはこれからでした。

マイトナーも、はらはらしながら、ボーアやシーグバーンからの知らせを待っていました。火曜日の朝、いつもどおり早めの朝食をとり、化学研究所に行きました。

デバイは、ハーンを信用できるか確信はありませんでしたが、ここまできたら信じてみようと決めました。マイトナーも別れのあいさつをしたいでしょう。デバイはハーンにコスターの計画を話し、スウェーデンではなくオランダに行くのだと、ふたりでマイトナーに説明しました。準備も許可もすっかり整っているとうけあいました。ただし、翌日《よくじつ》早朝に出発しなければなりません。迷っている時間はないのです。

ハーンはマイトナーの荷づくりを手伝い、その夜は彼の家で過ごすようにと提案しました。研究所の職員には里帰りだと伝え、カレンダーにも「マイトナー、ウィーン訪問《ほうもん》」と書きこみました。マイトナーが亡命《ぼうめい》すると思わせてはいけないのです。荷物はあとからハーンが送ります。あくまで数日旅行するだけのふりであり、決して全財産をもって国外逃亡《とうぼう》する難民《なんみん》に見えてはなりません。そもそも、マイトナーは物をあまりもっていませんでした。実験器具さえあればよかったのです。

ベルリンでの最後の日、マイトナーはいつもどおり午後八時まで化学研究所にいて、若い同《どう》僚《りょう》の論文《ろんぶん》チェックに忙《いそが》しく頭がいっぱいでした。ハーンとふたり、研究所からマイトナーの部屋にもどって急いで荷づくりをしました。指示されたとおり、マイトナーはホテルをチェックアウトせず、最後の夜を過ごすため、ハーンの家にむかいました。同じホテルに滞在《たいざい》していた同僚でナチスのクルト・ヘスは、マイトナーとハーンが小さなかばんをもって出ていくのを目にしました。そして、すぐ不審《ふしん》に思いました。確かにハーンからは、マイトナーがオーストリアの家族に会いにいくと聞いていましたが、ヘスはそれを信じていなかったのです。そして、ユダヤ人科学者マイトナーが国外脱出《だっしゅつ》をくわだてていると警察に通報しました。

ハーンは、マイトナーが去れば研究所からユダヤ人という汚点《おてん》をとりのぞけるので気が楽になったものの、ほんの少しといえども彼女を助けたことで自分の身にも危険がおよぶのではと不安でした。いっぽうで、かけがえのない仕事仲間を失おうとしているのです。今後は手紙のやりとりで連絡《れんらく》しあい、もしかしたら中立国で会えるかもしれません。これが最善《さいぜん》の選択《せんたく》なのです。マイトナーもそう思おうとしていましたが、自分にだいじなすべてのものから突《つ》きはなされた気がしていました。今までずっと必死に働いて、本格的に認《みと》められよう、物理学の世界で居場所をつくろうとしてきたのです。そのすべてを失うのです。

翌朝、七月一三日水曜日、友人で科学編集者のロスバウトがマイトナーを駅に連れていくため、車でハーンの家へむかえにきました。いよいよハーンとはお別れです。マイトナーは、男性ばかりの科学の世界で、女性である自分がその道を切りひらくためにハーンをたよりにしてきました。三〇年間、ともにわくわくする発見をし、放射能《ほうしゃのう》について重要な論文を発表してきたのです。いつもハーンの名前が最初に記されましたが、少なくともマイトナーの名もそこにありました〔学術論文はその研究に最も貢献した著者の名前が最初に記される〕。ハーンに研究所から追い出されてマイトナーは傷《きず》つきましたが、彼も気にかけてはいたのです。ハーンは別れぎわに何かを彼女の手ににぎらせました。小さく、かたく、冷たい、ハーンの母親の指輪でした。マイトナーにはわけがわかりませんでした。なぜ、こんなだいじな形見をくれたのでしょう。ハーンは顔を赤らめながら、特別な感情ではないと、言葉につかえながら説明しました。「非常時」には売ったりわいろに使ったりできるからというのです。マイトナーは指輪を受けとり、強くにぎりしめ、深く感動しました。

そんなときが来ないようにと祈《いの》りました。

ロスバウトは、マイトナーの気がかわるのではと心配し、急いで車に乗せました。そして、コスターが必ず駅で待っていると教えました。マイトナーはコスターに偶然《ぐうぜん》出会ったように、さりげなくふるまうことになっています。まずコスターが先に列車に乗ります。マイトナーは彼から見えるところにすわりますが、国境に近づくまでとなりにはすわりません。

マイトナーはびくびくしながらハーンの指輪をにぎりしめ、ハンドバッグの奥《おく》に押《お》しこみました。ほんとうにうまくいくのでしょうか。ナチスはマイトナーがパスポートをもっていないのに気づけば逮捕するでしょう。人づてに聞いた恐《おそ》ろしい収容所《しゅうようじょ》に送られるかもしれません。マイトナーは背が低く色黒で、彫像《ちょうぞう》のような色白の女性ではありません。ひとめ見ただけでユダヤ人だと、兵士にわかってしまうにきまっています。

車が駅に近づくにつれ、マイトナーはとりみだしてしまいました。やりとげられないから、引きかえしてほしいとロスバウトにたのみました。

マイトナーは知りませんでしたが、ロスバウトはスパイでした。ナチスの動向《どうこう》や科学的な研究や兵器の計画について、イギリスの諜報《ちょうほう》機関と秘密《ひみつ》裏に連絡をとりあっていました。彼にとって、これは単なる旧友の世話ではなく、任務《にんむ》だったのです。じつのところ、その任務の一翼《いちよく》をマイトナー自身もになうことになるのでした。こんなに価値のある科学者をドイツに残らせてはいけないのです。彼女の専門《せんもん》知識と、世界中の原子《げんし》科学者との交友関係が必要とされていました。

ロスバウトはマイトナーをなだめました。有名な物理学者だとナチスにわかるわけがないと。国外逃亡をくわだてていると思われる理由もないと。そして、ユダヤ人だとみなされる理由もないと。コスターがよくめんどうをみてくれる。大勢の科学者たちが助けようと協力しあっているのだと、ロスバウトは保証しました。マイトナーが思っているよりずっと多くの支援《しえん》があったのです。

駅は、兵士や親衛隊《しんえいたい》(ナチス党《とう》の準軍事組織)の隊員で混みあっていました。マイトナーはその場にうずくまりたくなりましたが、そのときコスターの顔が目に入りました。なじみある親しげな顔を見て心が落ちつきました。たくさんの人が自分のために危険をおかしてくれているのだから、勇気を出さなくてはいけません。警察官たちが通りかかり、マイトナーはたじろぎました。自分をつかまえにきたのでしょうか？　乗客と親衛隊はどっと列車に乗りこみました。制服姿におびえながら、マイトナーはロスバウトに助けてもらって乗りました。ロスバウトはスーツケースをたなにのせ、車両を出ながらコスターにうなずきました。

マイトナーは窓ぎわにすわり、外にたくさんいる兵士たちをびくびくしながら見ました。みな、頑丈《がんじょう》でつやのあるブーツをはき、頑丈でつやのあるライフル銃《じゅう》をもっています。親衛隊が通りすぎるたびに、マイトナーは息を止めました。ハンドバッグをつかみ、緊張のあまり本も読めず、窓の外ばかりを見ていました。ベルリンの外に出ても、ドイツのほんの小さな村でさえ、ナチスの垂《た》れ幕《まく》が下がっています。帝国《ていこく》の影《かげ》からは逃《のが》れられません。マイトナーは長く待ちすぎてしまったのでしょうか。

第 22 章

成功か失敗か？

ハーンは自伝のなかでこう書いています。「不安でふるえながら、われわれは彼女が行きつけるかどうか心配していた。旅の成否は、暗号を使って電報で知らされる約束だった。とりわけ危険なのは、国境を越える列車では親衛隊が何度も見まわりにくることだ。出国を試みた人々がたびたび列車の中で逮捕されて連れもどされていた」。

７時間後、やっと列車はオランダとの国境に近づきました。コスターはマイトナーのとなりの席に移りました。仕事仲間が同じ列車に乗っているのに今気づいた、というふうを装いました。マイトナーを安心させようとしたのです。

コスターは、ニーウェスハンスのオランダ入国審査官が事情を理解していて、入国させるだけでなく、ドイツ国境警備隊に「友好的な説得」もしてくれると説明しました。
でも、親衛隊はどうでしょうか。友好的な説得は通用しません。それに、ヘスがマイトナーの逃亡を通報した警察はどうでしょう。

マイトナーの逃亡《とうぼう》については、おそらく当局への連絡《れんらく》が間にあわなかったのだろうと、のちにヘスはハーンにこぼしました。ベルリン駅にはいかめしい表情の警官が大勢いましたが、だれも列車には乗りませんでした。じつのところ、ヘスの訴《うった》えは、その信ぴょう性を確かめるために研究所のべつの科学者に連絡がいっていました。「マイトナーが行方不明なのか？」。その科学者は、ヘスにとっては都合が悪いことに、わざと返事を遅《おく》らせたのです。

　列車はオランダとの国境で停車しました。オランダとドイツの役人が乗客の渡航《とこう》書類を見るためです。予想どおり、オランダの国境警備隊《こっきょうけいびたい》はコスターとマイトナーの横を通りすぎました。でも、ドイツの国境警備隊は、コスターにパスポートを見せるように命じました。マイトナーは気を失いそうになりながら自分の番を待ち、緊張《きんちょう》で口がかわききりました。ハンドバッグに手をのばし、最悪の事態を覚悟《かくご》したところで警備隊がコスターにパスポートを返しました。

　マイトナーは体をこわばらせたまま、じっとすわっていました。ところが、兵士たちは背をむけて歩いていってしまったのです。初老《しょろう》の女性などをだれも気にしないのでしょう。今までずっと、女性として居場所を求めて闘《たたか》い、まるでスカートに邪魔《じゃま》をされているようだと感じながら生きてきたのに、今、その同じスカートが魔法《まほう》のマントの役目をはたしたのです。「夫」といっしょに旅をしているとみなされたとき、マイトナーの存在《そんざい》は消えたのでした。親衛隊《しんえいたい》やドイツ兵がおり、列車は国境を越《こ》えてオランダに入りました。マイトナーもコスターも、起きたばかりのことがまだ信じられず、ぼうぜんとしていました。マイトナーはぐっと息をのみ、呼吸《こきゅう》を整えようとしました。女性、すなわち無視《むし》されやすい存在で幸運だったと感じたのはこのときが初めてであり、ほんとうにこのときだけでした。

マイトナーはふるえながら、再び窓《まど》の外をながめました。やっと、親しみやすく魅力的《みりょくてき》な風景が広がりだしたのです。農家の畑、草をはむ牛、教会の尖塔《せんとう》のある小さな町。これこそがふだんの暮《く》らしなのだと思うと涙《なみだ》が出ました。ドイツも、ファシスト国家になる前はそうだったのです。人はあるべきはずのものを忘《わす》れてしまうと、のちにマイトナーは日記に書きました。

コスターも笑顔になりました。彼もまた、そのちがいに衝撃《しょうげき》を受けたのですが、それはこのときではなく、反対に彼がいた美しい大学町から重苦しいベルリンへむかったときでした。

安全なオランダ領に入り、マイトナーとコスターは自由に話せます。コスターは、彼女のためにお金を集めたが、まだ彼女に何か就職口《しゅうしょくぐち》を見つけられるよう動いていると伝えました。

マイトナーは、ボーアのもくろみどおりに、スウェーデンの件がうまくいくよう願っていました。家もドイツ語も研究室も使えなくなったのです。物理学からも追放されたら耐《た》えられません。

列車がフローニンゲン駅に着いたのは夕方でした。コスターの車は停めておいた場所にそのままありました。コスターはマイトナーの小さなスーツケースを積みこみ、ふたりで彼の家へむかいました。マイトナーはショックでぼうぜんとし、コスターは神経《しんけい》が張りつめていました。でも、その夜の空気はひときわよい香りがしました。マイトナーは自由なのです。

第 23 章

危機一髪

翌日、コスターは約束の電報を打ち、ハーンに「“赤ちゃん”が生まれた」と伝えました。ハーンは返事の電報を送りました。

オメデトウ
名前ハ？

ハーンはベルリンの科学界にニュースを伝えました。
マイトナーはオランダでぶじだと。

聞いたか？
ああ、ほっとした！
ギリギリだったな！
でも研究室も職も決まってない
物理を続けないと！

フォッカーが、マイトナーを心配してコスターの家にやってきました。彼が知るマイトナーは内気でも頭がよくて集中力のある女性でしたが、今はただ、うつろで深くおびえているように見えました。彼女はショックで「精神的にまいっていた」と、フォッカーは書いています。

コスターも落ちつきをとりもどす必要がありました。その週をマイトナーといっしょに家で過ごし、仲間に手紙を書き、ぶじを喜ぶ電報をあちこちからもらいました。
ヴォルフガング・パウリは、アインシュタインの相対性理論について最初の解説を書いた、マイトナーの物理学者仲間かつ友人で、コスターに電報を送りました。

パウリの電報：

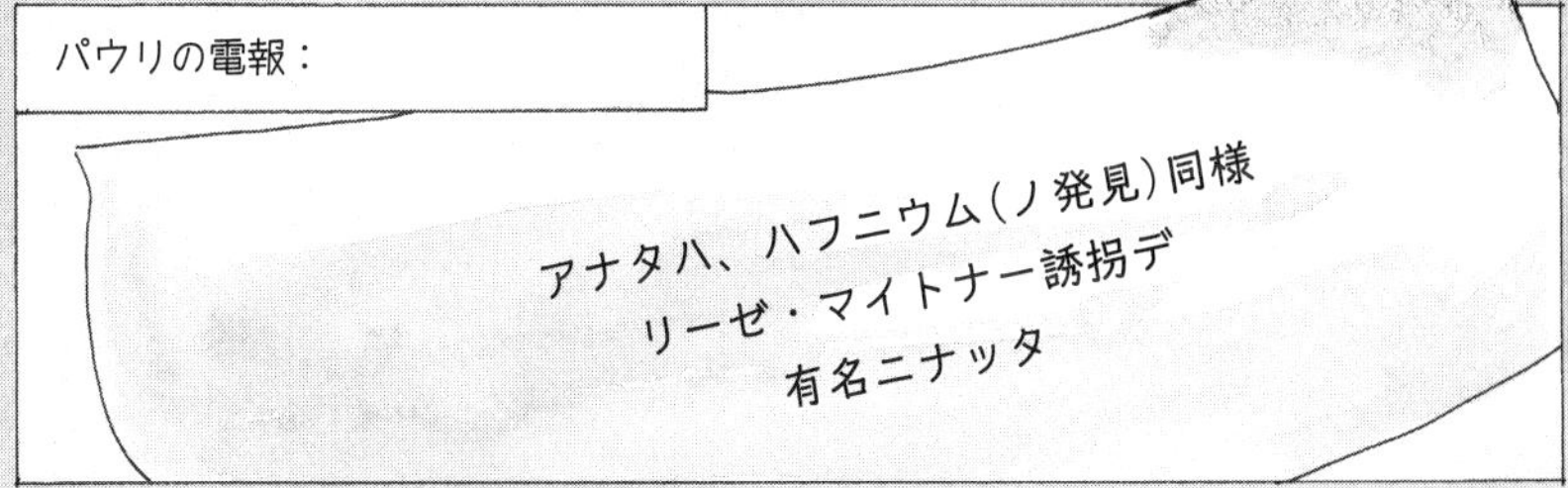
アナタハ、ハフニウム（ノ発見）同様
リーゼ・マイトナー誘拐デ
有名ニナッタ

フローニンゲンで安全を確保したマイトナーは、脱出《だっしゅつ》が危機《きき》一髪《いっぱつ》だったと知りました。ラウエからの手紙に、ヘスが警察に通報したとあったのです。マイトナーがいなくなったと確かめられたときには、幸運にも列車はぶじオランダ領内に入っていました。「とどめの一撃《いちげき》となるはずだった銃弾《じゅうだん》がはずれたのです。たぶんあなた自身は気づいていないでしょうが。ゆえに一層《いっそう》、あなたがぶじに到着《とうちゃく》したという知らせが待ちどおしかったのです」。マイトナーは、自分がもう少しで逮捕《たいほ》されるところだったと思うと、あらためてぞっとしました。

友人や家族に、平気なふりをして手紙を書きました。オーストリアで暮《く》らす家族に。イギリスで働く甥《おい》に。パウル・シェラーには、ベルリン脱出を助けてくれたことへの感謝をこめて。そしてボーアには、まだストックホルムで就職口《しゅうしょくぐち》のチャンスがあるかどうかをたずねました。フォッカーとコスターにはとにかく感謝していましたが、自立して自分の道を切りひらかなくてはなりません。そして、物理学を続けなくては。

すぐに答えは得られました。スウェーデンの仕事がついに確定したのです。マイトナーは船

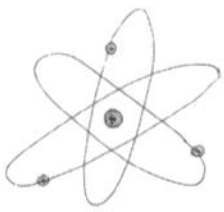

でコペンハーゲンに行き、ボーアの理論物理学《りろんぶつりがく》研究所に滞在《たいざい》してから、ストックホルムへむかうことになりました。

マイトナーにはまだ、パスポートも書類もなく、お金もほとんど持っていませんでしたが、ボーアには大きな影響力《えいきょうりょく》がありました。ボーアは一九二二年にノーベル物理学賞を受賞したあと、「名誉《めいよ》の家」に住んでいました。生涯《しょうがい》住居にするようにと、ビール醸造《じょうぞう》会社カールスバーグが提供《ていきょう》した屋敷《やしき》です。広くて美しいうえに、醸造所のすぐとなりで、ビールが直接パイプを通って流れてきます(これも受賞の特典です)。マイトナーのために用意された客間には新鮮《しんせん》な切り花がかざられ、窓《まど》からは静かな庭がながめられました。ボーアの息子たちとその家族も同《どう》居《きょ》していて、元気な孫たち、芝生《しばふ》でのピクニック、物理学の熱心な議論《ぎろん》が、マイトナーをいやしてくれました。

マイトナーの甥、物理学者**オットー・ロバート・フリッシュ**もコペンハーゲンにいました。ロンドン暮らしののちに理論物理学研究所に移っていたのです。ですから、彼女にはコペンハーゲンに友人も同僚《どうりょう》も家族もそろっていました。デンマーク政府が滞在を許可してくれさえすればよかったのです。けれども、公的な書類がない以上、それは不可能でした。一か月後には立ち去らなければなりません。

ストックホルムの研究所は、まだマイトナーを受けいれる準備ができていなかったので、列車に乗り、スウェーデンの海岸沿《ぞ》いのクングエルブへむかいました。旧友エファ・フォン・バール(バール＝ベルギウス姓になっていた)が住んでいます。エファも物理学者で、物理学の講師《こうし》になった最初のスウェーデン人女性でした。彼女に協力的であった男性の同僚クヌート・オングストロームが一九一〇年に亡《な》くなるまでは教壇《きょうだん》に立っていました。その死と同時に講師の職を解《と》かれ、スウェーデンで女性が大学で教えることが再び許されたのは一九二五年でした。マイトナーがよりよい機会を求めてウィーンを去ったのと同じように、エファも大学で教えるためにベルリンに移りました。そこでマイトナーと出会い、すぐに親しくなったのです。

しかし、エファにはマイトナーほどの情熱はなく、物理学だけが自分の世界ではありませんでした。病気の母を看病《かんびょう》するためにスウェーデンにもどり、高校教師になり、同僚の教師と結《けっ》婚《こん》しました。ですから、マイトナーに、のどかな田舎《いなか》ぐらし、あたたかい友情、物理学の議論といった、おそろしい逃亡《とうぼう》後のふつうの暮らしのひとときを提供できました。エファはマイトナーに、正式にカイザー・ヴィルヘルム化学研究所を退職《たいしょく》して年金をもらうようすすめました。そうすれば、マイトナーはいくらか経済的《けいざいてき》に楽になり、この道に入ったころのように、必要なら無給《むきゅう》で働くこともできるでしょう。

マイトナーは、化学研究所との公的なつながりをたち切るのはいやでしたが、すでにむこうから切られていると認《みと》めないわけにはいきません。ふるえる手でハーンに手紙をしたため、二つの大きなたのみごとをしました。まず、自分の荷物をまとめて送ってもらえないかということ。そして、退職するので年金が必要であると研究所に知らせてほしいということ。

一九三八年八月二九日、夏休みが正式に終わり、ハーンは研究所にもどってマイトナーが退職したと報告しました。この知らせを事務局やハーンの同僚の科学者たちは歓迎《かんげい》し、永久に「ユダヤ人女性」がいなくなったのを喜びました。ハーン自身もほっとしました。まずハーンがマイトナーの年金の最初の申請書《しんせいしょ》を書き、その手続きをボッシュに託《たく》しました。マイトナーには、政府が出国を知ったら怒《おこ》るだろうと警告《けいこく》しました。

教育省からハーンに返事がきました。「元オーストリア国籍《こくせき》であるリーゼ・マイトナー教授はカイザー・ヴィルヘルム化学研究所に客員として勤務《きんむ》しています。オーストリア併合《へいごう》によりドイツ国民となったため、ユダヤ人の血を引く割合を確認《かくにん》しなくてはなりません」。

これはハーンが答えたいことではありませんでした。ボッシュが答えなくてはならないでしょう。

いっぽう、マイトナーはストックホルムに移り、ホテルに泊《と》まってシーグバーンの新しい物理学研究所の完成を待っていました。建設はほぼ終わりましたが、研究所の備品やスタッフが必要です。待ちどおしい超《ちょう》ウラン元素《げんそ》の研究を再開できるのは、まだまだ先のようでした。すがるような手紙をハーンに書いています。

「わたしが理不尽《りふじん》に腹を立てていると、いつもお思いになってほかの人にもおっしゃっているようですが、それがどれほどわたしを悲しませているか、じゅうぶんご理解いただけていないのでしょう。よくお考えになれば、何ひとつ実験器具がないという状況《じょうきょう》が、わたしにとって何を意味するか理解しがたくはないでしょう。わたしには、何よりずっとつらい状況です。でも、ほんとうに腹を立てているわけではありません。ただ、今は、人生に真の目的を見いだせず、とてもさびしいのです」。

マイトナーは、べつの友人にはこう書いています。「ぜんまいじかけの人形になったような気分です。自動的にきまったことをして、きまった笑顔を見せ、ほんとうの命をもっていませんし。また、コスターへの手紙には、「ふりかえる勇気はありません。前をむくこともできませんし」と書きました。

ハーンには、仕事の話も書き、実験を続けるよう導《みちび》きました。その年の一一月にコペンハーゲンのボーアの研究所で会う約束もしました。マイトナーはスウェーデン国外への短期訪問《ほうもん》に必要な公的書類を手に入れたのです。ボーアは、またしても親切に自宅にマイトナーを招きました。自分の研究所の研究室にもむかえました。ボーアは、原子核《げんしかく》のモデルを改良し、核構造《かくこうぞう》について新しい考えを説明しました。原子核は水滴《すいてき》の表面張力《ちょうりょく》のようなもので結合《けつごう》されていると考えたのです。

ハーンに会い、マイトナーは涙《なみだ》ぐみました。その姿を見ると、失ったものをあれもこれも思い出してしまうのです。自分の研究、教育、職業上の地位、そして友人。彼はかつて友人でした。またそうなってほしいと願いました。

ハーンもマイトナーに会って感動しました。マイトナーはずっと、ハーンの研究生活に欠かせない存在《そんざい》でした。ハーンは、放射性元素《ほうしゃせいげんそ》に中性子《ちゅうせいし》をぶつけると化学的に何が起きるかは理解できましたが、原子レベルで物理学的に何が起きているかは理解できませんでした。とりわけ今、自分の実験を解釈《かいしゃく》するために彼女が必要でした。

ハーンは、最近おこなった超ウランについての研究結果をマイトナーに見せました。理解できなくて、マイトナーに説明してもらう必要があったのです。ハーンは、ウランに中性子を照《しょう》射《しゃ》すると、これまでのように、より重い同位体《どういたい》が新たに生成《せいせい》されると考えていました。ところが、そうではなく、より軽い元素であるラジウムのような物質が現れたのです。ボーアは懐疑《かいぎ》的《てき》で、ハーンがまだ知られていない新しい超ウラン元素を偶然《ぐうぜん》発見したのに気づいていないだけではないかと考えました。マイトナーは、それ以上のことだと思いました。何かが大きくまちがっています。ハーンの不注意で何かが混ざったのでしょうか？　マイトナーは、最初から実験しなおすようにとハーンに言いました。ハーンは、もしかしたら、みんなが発表しているような超ウランではなく、新しい種類のより軽い放射性粒子《ほうしゃせいりゅうし》を発見したのかもしれないと思っていました。けれども、マイトナーは、そうではないとわかっていました。これは、まったくちがう何かなのです。それが何なのかがわからないだけです。

ハーンは長くは滞在できませんでした。妻が重病《じゅうびょう》だったのです。彼は、つぎの実験の結果をマイトナーに知らせると約束しました。べつべつの国にいて、マイトナーにはハーンの研究を確かめる研究室がなくても、ふたりは手紙のやりとりで再び協力しあいました。ハーンが実験をおこない、その結果をマイトナーが解釈したのです。距離《きょり》はあっても手紙があります。大戦中いっしょに実験していたときのように。

マイトナーはカイザー・ヴィルヘルム化学研究所からじゅうぶん離《はな》れていたので、連名で論《ろん》文《ぶん》を出さないかぎり、共同研究をしてもハーンに支障《ししょう》はありませんでした。ハーンはユダヤ人の物理学者とのつながりを明らかにはできないと、以前から何度もマイトナーにはっきり伝えていました。

それはマイトナーが望む協力関係ではありませんでしたが、どんな形でも、まだいっしょに仕事をしているのだと考えて自分をなぐさめました。そして、スウェーデンにもどると、ついにストックホルムの研究所が開設されて、やっと正式な居場所を得ることができました。まだ何の器具もなく、給料は彼女の経験と名声にふさわしい高水準の額ではなく、新卒の助手のような低い金額に決められていました。同じような境遇《きょうぐう》のユダヤ人科学者がたくさんいました。

ドイツから逃《のが》れ、それまでよりもずっとレベルの低い仕事を受けいれたのです。しかし、男性の科学者で、マイトナーほど給与《きゅうよ》や地位の面でも降格《こうかく》させられた人はいませんでした。シーグバーンは、ボーアから協力を要請《ようせい》されたのであり、強力な支援者《しえんしゃ》ではありませんでした。マイトナーは、シーグバーンのもとでの自分の立ち位置を痛感《つうかん》しました。上の階の重要な活動から遠く離れた地下の研究室にもどってしまったのです。マイトナーはつぎのように書いています。
「科学の面では完全に孤立《こりつ》しています。もう何か月も物理学についてだれとも話さず、自分の部屋にひとりですわり、忙《いそが》しくしていようと試みています。これを「仕事」とは呼《よ》べません」。

その孤立を打ちやぶったのは、一九三八年にストックホルムで開かれたノーベル賞授賞式に出席していた、物理学者エンリコ・フェルミ夫妻との出会いでした。彼らも反ユダヤ主義から逃れてきた難民《なんみん》で、フェルミの妻がユダヤ人でした。三人は、ヨーロッパ大陸を離れた友人たちの話に花を咲《さ》かせました。彼らは安全な暮らしを願って大陸を離れたのです。フェルミ自身も、ニューヨークのコロンビア大学にむかう予定でした。もはやマイトナーの知り合いはみな海のむこうにいるようでした。彼女は安全であっても、以前よりずっと、ひとりぼっちでした。

第 24 章

そんなに優秀なのか？

ロンドン大学の一部、キングス・カレッジ・ロンドン所属の科学者らは学内でマイトナーの就職口をさがし、それは第二次世界大戦が始まってからも続きました。
中立国スウェーデンより反ナチスのイギリスで働くほうが彼女に有利でしょう。

ウィンストン・チャーチルの友人で科学顧問のフレデリック・リンデマンは、その案を拒否しました。

ジェームズ・チャドウィックは、マイトナーを、ケンブリッジ大学へむかえたがっていました。彼は影響力のある物理学者でしたが、軍需省で科学研究の部長補佐をつとめていたジョン・コッククロフトを説得できませんでした。

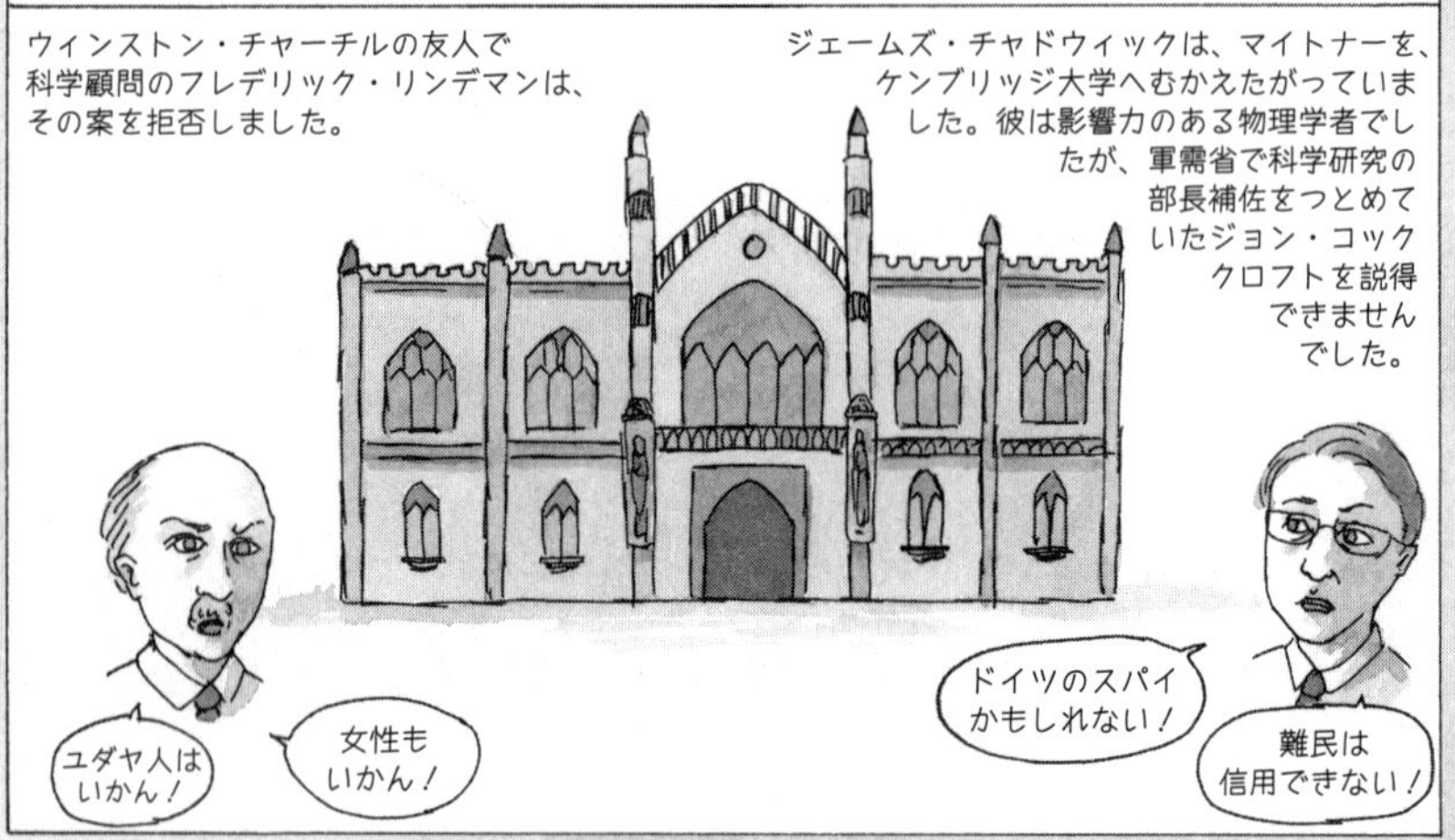
ユダヤ人はいかん！
女性もいかん！
ドイツのスパイかもしれない！
難民は信用できない！

そのため、マイトナーはストックホルムを出ませんでしたが、のちに、ドイツの科学研究を知るにはそのほうが都合がよいとわかりました。
スウェーデンは中立だったので、ドイツの科学者の渡航が許されていました。マイトナーは、直接話したり手紙を書いたりして、全員から返事をもらえました。そして、逃亡を助けてくれた科学編集者ロスバウトにはたくさん情報を伝えました。彼が編集者という職をかくれみのに、ヨーロッパじゅうの科学者の話を聞き、重要な研究についてイギリス諜報機関に伝えているのは、マイトナーももう知っていました。そして自身が彼の重要な情報源となったのです。

スウェーデンは重水製造にとりくんでいるの。理由はよくわからないわ
どのくらい進んでいる？聞けるかな？
現地に行けるのでは？

一九三八年一〇月、ベルリンの教育省から連絡《れんらく》が入りました。マイトナーの退職《たいしょく》が認《みと》められ年金が支給《しきゅう》されるというのです。でも、お金は送られません。ユダヤ人なので資産《しさん》は差しおさえられてしまったのです。

安心できない知らせでした。マイトナーはオーストリアにいる家族が心配でした。もう両親は亡《な》くなり、姉のひとりはアメリカに逃《に》げていましたが、ほかの兄弟姉妹はまだウィーンです。マイトナーは、姉アウグステにスウェーデンに来るよう必死にたのみました。でも、間にあいませんでした。アウグステの夫ユスティニアンが逮捕《たいほ》され、ダッハウの収容所《しゅうようじょ》に送られてしまったのです。アウグステは、夫をおいて国を出るのをこばみました。彼を釈放《しゃくほう》させるために全力をつくしていましたが、ユダヤ人である以外はどんな罪があるのかはっきりしませんでした。

マイトナーは手紙をハーンに送りました。けれども、収容所は人々が思うほど残酷《ざんこく》なところではなく、そういう情報は反ドイツのマスコミが広めたただのうわさだ、という根拠《こんきょ》のない保証だけが返ってきました。またしても、ハーンはマイトナーが大げさすぎると思ったのです。

こんどもまた、ドイツの圧制《あっせい》に関する新聞記事を信じないことにしたのでした。

マイトナーはますます孤独《こどく》を感じました。沈《しず》んだようすがべつの手紙に書かれています。

「わたし自身の暮《く》らしは、実質ゼロのようでからっぽです。残念ながら、友人からの連絡はほとんどありません……そして、同時に、いつもすわってニュースを待ちのぞんでいます」。

ニュースが入っても、よい知らせではありませんでした。一九三八年一一月、ドイツじゅうで暴動《ぼうどう》が発生しました。ユダヤ人の家や店が一夜にして暴徒《ぼうと》に破壊《はかい》され、数百人のユダヤ人が命を落としました。この事件は、大量の割《わ》れた窓《まど》ガラスが水晶《すいしょう》のように光ったことから、「水晶の夜《クリスタルナハト》」と呼《よ》ばれました。あまりの暴挙《ぼうきょ》にアメリカでも報道されましたが、最初に衝撃《しょうげき》の声があがったのちは、たいしてさわがれませんでした。国際社会が目をそらすなか、何万人ものユダヤ人が強制収容所に送られました。マイトナーは、ドイツでのユダヤ人のあつかいに対する仲間たちの冷淡《れいたん》な反応にあぜんとしました。けれども、この反応が世界的なものであると知り、骨《ほね》のずいまで凍《こお》る思いがしました。自分をあたたかくむかえてくれる場所などありませんでした。

直接的な残虐《ざんぎゃく》行為《こうい》のつぎは、法的な攻撃《こうげき》もおこなわれました。ユダヤ人は「水晶の夜」の責任を負わされ膨大《ぼうだい》な罰金《ばっきん》が課《か》されたほか、さまざまな権利が抹消《まっしょう》されました。すでにユダヤ人は、公立の学校や職場から追い出されていました。とうとう民間の施設《しせつ》や企業《きぎょう》からも締《し》め出《だ》されたのです。すべてのユダヤ人は、人種的民族性《じんしゅてきみんぞくせい》を明確に示すために、身分証明書に「サラ」または「イスラエル」という名前を加えられました。のちに発令《はつれい》されるもっとひどいものは黄色い星で、それを上着にぬいつけてユダヤ人だとはっきりわかるようにさせられるのです。望ましくない者だから排除《はいじょ》するようにとアーリア系《けい》白人に警告《けいこく》を送るためでした。公《おおやけ》の場で、ユダヤ人は害虫《がいちゅう》、ネズミ、寄生虫《きせいちゅう》と呼ぶといったあらゆる非人間化《ひにんげんか》したプロパガンダで、人間とはいえない存在《そんざい》とされていきました。

マイトナーの名前は、すべての公式文書で正式に変更されました。今や彼女は「リーゼ・サラ・マイトナー」なのです。これは、中立であるはずのスウェーデンにいても、どこへ行こうとユダヤ人だとわかるぞ、と彼女に思い出させるものでした。

第 25 章

原子のミステリー

スウェーデンで安全に暮らせてはいても、新しい悪法やユダヤ人への憎悪の言葉にマイトナーは傷ついていました。豊かだった人生が、今は意味ある仕事もなく空っぽに感じました。自分はもう科学者ではない気がしました。ひとりのユダヤ人でしかありませんでした。

ハーンがわかってくれないので、ベルリンで数少ない女性科学者の友人であった生物学者エリザベス・シーマンに相談しました。

「いったい何を書いたらいいのでしょう？
なんとなく過ぎていく日々は雑用ばかりで、
わざわざあなたに教えるようなことが
何もありません。
わたしにとって意味がないことばかりです」

ただひとつの希望の光は、長く連絡してこなかったハーンが何度も手紙をくれるようになったことでした。コペンハーゲンで話しあった実験を続けていて、どうしても彼女の助けが必要になったのです。最近の手紙には、マイトナーの所有物や年金を送ろうとしたがだめだったと書かれていました。けれども、ほんとうに重要なのは実験の話でした。

つまり、「ラジウム同位体」について、あまりにも理解
できない点を、今は、あなた以外に教えたくありません
……。偶然よほど奇妙な状況になっているのでないかぎり、
分離がうまくいきません……やればやるほど、Ra[ラジウム]
同位体が Ra のようにではなく、Ba[バリウム]のような反応
を示すというひどい結論に近づいています。すでに伝えたとお
り、これ以外の超ウラン元素では……説明がつきません。シュ
トラスマンとわたしは、当分のあいだ、あなた以外のだれにも
知らせるべきではないと決めました。これだという説明をして
もらえないでしょうか。わたしたちは、ウランが爆発して Ba に
なるわけなどないとわかっています……でも、それをはっきり
させないといけないのです。
バリウム？
中性子
ウラン原子核
？

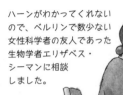

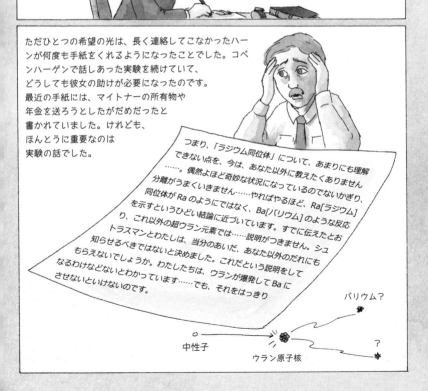

ハーンは心配でした。超《ちょう》ウランの研究全体がまちがっているのかもしれないと思うと、こわかったのです。ウランに中性子《ちゅうせいし》をぶつけると、より重い元素《げんそ》ができるはずでした。バリウムはウランよりはるかに軽く、ウランに中性子をぶつけた結果としては、ありえないものと考えられていました。だから、ハーンはこの結果を秘密にしておきたかったのです。何が起きているのかわかって納得《なっとく》のいく解釈《かいしゃく》ができる前にデータだけを公表したら、四年間の研究成果がだいなしになってしまいます。発見でなく混乱《こんらん》していると公表するようなものです。さらにまずいことに、これまでの発見がまちがいだったということになるのです。

マイトナーの返事がくる前に、ハーンは細心《さいしん》の注意をはらい、絶対何も混ざらないように実験をやりなおしました。一九三八年一二月一六日、同じ作業工程で同じ結果が出ました。ハーンはわけがわからず、この異常《いじょう》な結果をどうにか解釈してほしいと、必死にマイトナーに訴《うった》えました。

マイトナーにもわかりませんでした。考えてもつじつまが合わないのです。けれども、ハー

ンは細心の注意をはらって、何回も同じ実験をくりかえしていたので、その結果をマイトナーは真剣《しんけん》に受けとめました。そして、「核物理学《かくぶつりがく》では、これまでにも驚《おどろ》くようなことは何度も起きていたので、ありえないと言いきることはできません」と書いています。このありえないことが何を意味するのか、解明しなければなりませんでした。実際に何が起きているのでしょうか。

一二月二二日になっても、マイトナーからの説明はもどってきません。そこでハーンはこの結果を書きまとめて、解釈はほかの研究者たちにまかせることにしました。論文《ろんぶん》を科学編集者ロスバウトに送りました。そして、実験について説明したあと、化学者である自分とシュトラスマンには、この結果を説明できないと認《みと》めました。まるで、ガリレオのように塔《とう》から二つの物体を落としたら、落ちるどころか、浮《う》かんでしまったという結果だったのです。

ハーンの論文は一九三九年一月に発表される予定でした。それにより、ハーンをはじめとする研究者たちがおこなってきた超《ちょう》ウラン元素《げんそ》の研究全体を疑問視《ぎもんし》することになるのです。彼はこう結論《けつろん》づけました。「化学者としては、これらの実験から、上記で述べたラジウム、アクチニウム、トリウムをそれぞれバリウム、ランタン、セシウムに言いかえるべきだといえる。物理学者とも多少関係のある「核化学者《かくかがくしゃ》」としては、これまでの核物理学の経験に反するこの大きな一歩を踏《ふ》み出《だ》すことを、まだ決断できない。何か異常な一連のできごとによりまちがって導《みちび》かれた可能性も否定《ひてい》できない」。基本的に、ハーンは、ウランに中性子を照射《しょうしゃ》するとどうなるかという彼らのこれまでの研究を否定しているのです。実際に、何が現れたのでしょうか？　重い元素なのか、軽い元素なのか？　ハーンはこれ以上解明できず、このデータを理解するには物理学者のほうが適《てき》していると認め、だからこそ「この大きな一歩」を自分では踏み出さなかったのです。

一二月の休日に、マイトナーはクングエルブの友人エファの家に滞在《たいざい》しました。スウェーデンの西海岸にある風光明媚《ふうこうめいび》なこの小さな町が大好きでした。ドイツの恐《おそ》ろしいニュースから逃《のが》れるにはうってつけの場所です。甥《おい》のオットー・フリッシュもやってきました。ダッハウに収《しゅう》監《かん》されている父のことが不安で、心の安らぎを求めていたのです。クングエルブでマイトナーはハーンからまた手紙を受けとりました。不可解《ふかかい》な結果についてと、一月に彼の論文が科学雑《ざっ》誌《し》『ナトゥール・ヴィッセンシャフテン』に掲載《けいさい》されるという知らせが書かれていました。

マイトナーは、とても重要な何かが起きていると感じました。しかし、それはハーンが考えたような混乱したものではありませんでした。マイトナーはその謎《なぞ》を解明しなければなりません。歩くといつも頭がすっきりするので、手紙を手に、フリッシュを散歩に誘《さそ》いました。ふたりで解《と》き明《あ》かすべき物理学の問題があるのです。ハーンの混乱したデータのなかに、何かとても重要なものがかくされているのです。そして、それを絶対見つけなければと思っていました。

第 26 章

原子が分裂！

マイトナーは甥のフリッシュに、ハーンが書いたことを説明しました。

そのとき、マイトナーはひらめきました。原子核が文字どおり２つに分裂するとしたら。ウランに中性子を照射すると、それが捕獲されてより重い同位体が現れると考えられていました。ところが、はるかに軽いバリウムが見つかったのです。アインシュタインは、「(原子核の)エネルギーが得られる兆候は少しもない。それには、原子自体がくだけるか、とけるかしなければならない」と述べていました。
くだけたり、とけたりしなくても、ボーアが言ったように、原子核を水滴のように考えてみるのはどうでしょう。水滴なら、表面張力の抵抗をうけながらも引っぱって分裂させられます。原子核は水滴とは異なり、電気を帯びています。ウランの原子核の電荷は、原子核をつなぎとめる表面張力を負かすことができるのでしょうか。

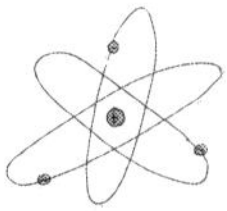

フリッシュもマイトナーと同じく、わくわくしてきました。スキーをはずし、ふたりは雪の積もった丸太にすわって、じっくり考えました。マイトナーは紙と鉛筆をとりだし、計算を始めました。原子《げんし》に何が起きているとしても、質量《しつりょう》は何もなしに消えることはないので、かわらないはずです。それに、ウラン原子が軽い元素《げんそ》に分裂《ぶんれつ》したとしても、**陽子**《ようし》と中性子《ちゅうせいし》の数は同じままのはずです。それならどうしてウラン(原子番号92)がバリウム(原子番号56)に分裂できるのでしょう？　クリプトン(原子番号36)のぶんだけ足りなかったと考えれば可能です。それなら、数字がぴったり合います。しかも、クリプトンは気体なので、ハーンが気づかないうちに消えます。

計算はつぎのようになります。

[92u → 56Ba＋36Kr　（ウランがバリウムとクリプトンに分裂）]

陽子36と56を足して92（ウランの原子番号）にはなりますが、重さが合いません。ウランの質量数は二三八ですが、バリウムは一三九、クリプトンは八九、バリウムとクリプトンを足しても二二八にしかならないのです。足りない質量数一〇はどこにいったのでしょうか。

フリッシュがそのときのことを自伝に書いています。「ウラン原子《げんし》核《かく》の電荷《でんか》は、表面張力《ちょうりょく》の影響《えいきょう》をほぼ完全に克服《こくふく》できる大きさであるとわかりました。したがって、ウラン原子核は、非常にぐらついた不安定なしずくにたとえられ、わずかな刺激《しげき》ですぐ分裂してしまうのです。たとえば中性子一個の衝突《しょうとつ》のような刺激です」。

ここでもうひとつ問題がありました。分離《ぶんり》したあと、二つのしずくは電気的におたがい反発（磁石《じしゃく》の同じ極同士、S極とS極、N極とN極が反発しあうように）して離《はな》れようとします。スピードが上がり、約二億電子ボルト〔エネルギーの単位。電圧が一ボルトの時に電子が得るエネルギーを一電子ボルトとする〕という大きなエネルギーが放出されるのです。では、そのエネルギーはどこからくるのでしょうか。

質量の減少からくるのです。それが失われた質量数一〇だったのです！　アインシュタインが言ったように、質量のべつの形はエネルギーなのです。マイトナーはもうひとつひらめきました。原子核が分裂するとき、失われた質量はエネルギーに変換《へんかん》されるのです。アインシュタインの相対性理論《そうたいせいりろん》がそれを明らかにしました。マイトナーは原子核質量を計算し、分裂によって生まれた二つの原子核が、もとのウラン原子核よりも陽子質量の五分の一ほど軽いことを導《みちび》き出《だ》しました。それをアインシュタインの $E=mc^2$ の式にあてはめると、ちょうど二億電子ボルトに相当します。ふたりが計算したとおりのエネルギーです。足し算がぴったり合いました。バリウムとクリプトンと放出されたエネルギーを足すと、元のウラン原子核の原子量と等しくなるではありませんか。

ハーンが見ていたのは、新しい超軽量《ちょうけいりょう》の超ウランではありませんでした。原子が分裂するようすだったのです。そして、信じられないほど強力なエネルギー源《げん》でした。ただ、自分が何を見ているのか、わかっていないだけでした。

ボーアやフェルミをはじめとする研究者たちが、原子に照射《しょうしゃ》する数多くの実験をおこなってきました。なぜ、今まで何も起きていなかったのでしょう。

じつは起きていたのだと、マイトナーは考えました。みんな原子を分裂させていたのです。ただそれに気づいていませんでした。そんなことが起きるとは思っていなかったので、目の前のできごとに気づかなかったのです。

公平に考えて、それには理由があると、フリッシュがのちに言っています。だれも愚《おろ》かだったわけではありません。ただ、放出されるエネルギーの量があまりにも小さいせいで、気がつかなかったのです。そして、みな、この実験を物理学でなく化学の観点から見ていたのでした。

けれども、マイトナーはこう認《みと》めました。「おおむねわたしたちは「法則《ほうそく》」にとらわれていました。原子は絶対に分かれないと信じていたので……逆の結果が目の前にあって、ほかの答えでは説明がつかないというのに、きちんとむかいあう勇気がなかったのです」。

それこそが、大きな可能性と、大きな危険性《きけんせい》を秘《ひ》めた発見でした。

第 27 章

その不可能は可能！

アインシュタインは自伝のなかでこの発見について、核分裂が実際に起きること、さらにはそのしくみも解明したのはマイトナーだったとしています。

わたしは理論上は可能というだけのことと考えていた…。ベルリンでハーンが発見したのにそうは解釈できていなかった。リーゼ・マイトナーが正しく解釈したのだ

ハーンが実験をおこない、マイトナーがその意味を解明しました。原子が分裂することをふたりで発見したのです。この科学理論が、原子力や核兵器の基礎になりました。

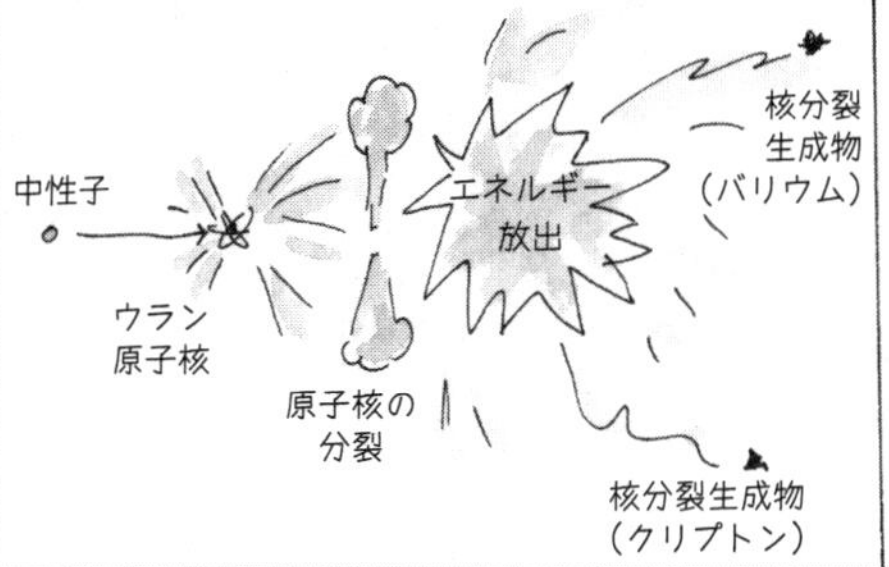
中性子
ウラン
原子核
原子核の
分裂
エネルギー
放出
核分裂
生成物
（バリウム）
核分裂生成物
（クリプトン）

マイトナーはこの結果が何を意味するのかを理解しましたが、これからどうなるのかは見当もつきませんでした。ただ、原子について世界の理解が劇的にかわろうとしていることだけは確かでした。これは、$E=mc^2$ と同じくらい大きいことなのです。

マイトナーはクリスマスのあとハーンに手紙を出しましたが、自分の解釈はまだ伝えませんでした。まずはフリッシュにコペンハーゲンにもどって、自分たちの理論を実験で検証してほしかったのです。ハーンには、彼の発見を奇妙なものとして発表しないように忠告しました。そして、その数日後、原子核が分裂した可能性を簡単に説明する手紙も送りました。そのあいだにフリッシュが急いでコペンハーゲンにもどり、ニールス・ボーアに伝えました。

原子の分裂です！
われわれは、なんておろかだったんだ！もっと前にわかっていたはずだよ！

あまりにも明白だったのに、マイトナーがさとったように、みんな自分がさがしているものしか見ていなかったのです。ボーアは言いました。「大きく深い困難は、それ自体に解決策を秘めている。それを見つけるには、考え方をかえなければならないのだ」。
マイトナーが彼らの考えをかえました。

核分裂《かくぶんれつ》の発見にボーアもフリッシュと同じくらい興奮《こうふん》しましたが、マイトナーとその甥《おい》がこの画期的《かっきてき》な発見にふさわしい評価を確実に得てほしいとも思いました。ボーアはフリッシュに、その見解をできるだけ早く発表するようすすめました。フリッシュはおばに電話を入れ、自分がおおまかな原稿《げんこう》を書いて、もっとも早く論文《ろんぶん》を発表できる国際的な科学雑誌《ざっし》『ネイチャー』に送ると、ふたりで決めました。そして、数日のち、おばに原稿を送り、分裂《ぶんれつ》を「フィッション」としました。生物学者の同僚《どうりょう》が細胞分裂《さいぼうぶんれつ》をそう表現していたのを借りたのです。マイトナーはこの新造語《しんぞうご》に同意して原稿を編集し、「中性子《ちゅうせいし》によるウランの崩壊《ほうかい》――新しいタイプの核《かく》反応《はんのう》」と題して『ネイチャー』誌に投稿《とうこう》しました。

出版を待つあいだ、フリッシュはハーンの実験を再現し、自分たちの理論が正しいことを確かめました。そして、その新しい原子核分裂《げんしかくぶんれつ》に関する論文の追加説明として、短い報告書「中性子照射《ちゅうせいししょうしゃ》による重い原子核の分裂に関する物理的証拠《しょうこ》」を『ネイチャー』誌に送りました。

一月一四日、その『ネイチャー』誌が発行される前に、ついにマイトナーは問題となっていた実験の完全な解釈《かいしゃく》を書きあげてハーンに送りました。『ネイチャー』誌に自分の論文が掲載《けいさい》されるのを、ハーンに知らせたかったのです。世紀《せいき》の大発見といわれるであろう発見に、マイトナーの名が記されるのです。そして、今回は最初に書かれるのが彼女の名前、リーゼ・マイトナーなのです。甥の名前は二番目で、公平というにふさわしく、イニシャルだけのO・R・フリッシュでした。

マイトナーはハーンに、一連の実験が意味していることを細かく説明しました。新たな軽い同位体《どういたい》の発見ではなく、ウランの原子核の分裂なのだと。そして、こう書きそえました。「わたしは一四日前の時点で自分の(以前の超《ちょう》ウランについての)論文を完全に撤回《てっかい》しました……。というのも、じつは、もう以前の実験の自分の解釈はまちがっていたと思うし、もちろん、たとえ年に一回しか出ない名前も知られていない出版物であっても、それを公表してほしくないからです。今回の新しい解釈は、より美しく、より明確に理解できるものでもあり、本当にすばらしいのです」。

マイトナーとフリッシュが自分たちの考えを書きあげているあいだに、ボーアは第五回ワシントン理論物理学会議《りろんぶつりがく》にむかうため、ベルギーの物理学者レオン・ローゼンフェルトとともにアメリカ行きの船に乗っていました。そして、あの雪の日のクングエルブでマイトナーとフリッシュがおこなったのと同じ計算をしていたのです。アメリカに到着《とうちゃく》し、ボーアがニューヨークに二、三日滞在《たいざい》しているあいだ、ローゼンフェルトはプリンストン大学に行きました。そして、核分裂の話をしてしまったのです。口外しないようにと、ボーアが言《い》い忘《わす》れたからでした。核分裂のニュースはたちまちプリンストン大学の科学者たちに広まり、コロンビア大学にまで伝わってしまいました。ボーアは、この功績がリーゼ・マイトナーとオットー・ロバート・フリッシュにあるということをはっきり説明するために、この革命的《かくめいてき》なニュースを自分で発表しようと決めました。ワシントン理論物理学会議では、世界のトップクラスの物理学者を前にして話をします。このような重大発見を発表するのに、これ以上ぴったりの場所があるでしょうか。

一九三九年一月二六日の開会宣言《せんげん》のすぐあと、ボーアは壇上《だんじょう》に上がり、ベルリン・ダーレムのオットー・ハーンとフリッツ・シュトラスマンが、ウランに速度の遅《おそ》い中性子《ちゅうせいし》を照射《しょうしゃ》するとバリウムが生成《せいせい》されることを放射化学的《ほうしゃかがくてき》に確認《かくにん》したと発表しました。そして、リーゼ・マイトナーとオットー・ロバート・フリッシュが、この結果を解釈し、ウランの原子核が分裂して大きなエネルギーを放出したと結論《けつろん》づけたと説明しました。

この短い演説は、聴衆《ちょうしゅう》に大きな衝撃《しょうげき》をあたえました。会議に出席していた科学者らが、なぜとつぜん会場を飛び出して、自分も実験してその結果を得ようとしたり、研究室に電話を入れて同僚に同じ実験をさせようとやっきになったりしているのか、その場にいた報道記者たちには理解できませんでした。日刊紙は「ボーアのエキサイティングなニュース」と報道したものの、それが何を意味するのかわかっていませんでした。なかには根本的なことがわかっておらず、オットー・ロバート・フリッシュをニールス・ボーアの研究所で働く研究者でなく、ボーアの義理の息子だと思った記者もいました。

この瞬間《しゅんかん》があまりにも歴史的であったため、ボーアのその演説がおこなわれたジョージ・ワシントン大学のガバメント・ホール二〇九号室の入り口には、のちに記念プレートが設置されました。そこに記されている重要な名前のなかに、マイトナーもフリッシュもふくまれていませんでした。ボーアが何よりも避《さ》けたかった状態になってしまったのです（その後、二〇〇二年にマイトナーとフリッシュの名前も記載されたプレートがとりつけられました）。

マイトナーとフリッシュの論文は、二週間後の一九三九年二月一一日に世に出ました。その論文はこう結論づけています。「したがって、ウラン原子核は形の安定性が小さいようで、中性子捕《ほ》獲《かく》後、ほぼ等しい大きさの二つの原子核に分裂する可能性を有すると思われる」。ちょうどタイミングよく、ストックホルムでマイトナーの研究室が完成し、彼女は甥と同じくその証拠を自分の目で確認できました。やっと物理学者にもどった気がしました。そして、『ネイチャー』誌に「トリウム原子核のフィッションによる新たな生成物」と題した、自らの簡単な追加説明を投稿しました。

マイトナーとフリッシュが発見するまで、原子エネルギーを利用するというアイデアは夢物語であり、本物の科学者ではなく、SF作家のものだと考えられていました。原子核を発見したイギリスの物理学者**アーネスト・ラザフォード**は、一九三三年、「現在われわれが自由に使える手段《しゅだん》と知識で、原子エネルギーを実用化できるというのは、たわごとにすぎない」と書いています。その後、数年のうちに陽子《ようし》、中性子、原子のモデル、そして原子の挙動《きょどう》について大きく理解が進んだのですが、それでも原子が分裂するというのは想像を超《こ》えていました。一九三六年まで、ボーアは原子エネルギーを利用できる可能性がますます低くなっていると感じていました。「核反応に関する知識が進めば進むほど、この目標(エネルギーの利用)は遠のいていくようだ」。ほかの科学者たちは、理論的には可能だが、現実には不可能だと考えていました。放射線が原子の中から出ていることがわかり、原子が大きなエネルギーをもっているのもはっきりしました。けれども、それをどうやって放出し、さらに言えば、どうやって制御《せいぎょ》するのでしょうか。これらの問題は乗りこえられないと思われていました。

マイトナーが発見するまでは。できないと思われていたことが実際に起きたのです。つぎはいったいどうなるのでしょう? 核分裂のニュースはまたたく間に広がり、同じ実験がアメリカやイギリスでも再現されました。一九三九年二月上旬《じょうじゅん》には、一般《いっぱん》の人々もこの功績を知るようになりました。『タイム』誌はつぎのように書いています。「先週、ハーンの報告がアメリカに届《とど》き、物理学者たちはそれを確認するためにおのおのの研究室に急いだ。今週初め、コロンビア大学とジョンズ・ホプキンス大学、そしてワシントン・カーネギー協会の物理学研究室が、事実と確定したと発表した」。ここでもまた、マイトナーやフリッシュについてはまったくふれられていませんでした。

興奮のあまり、ふたりの役割は忘れさられていました。ハーンの名前はまだ出ていましたが、マイトナーの名前は消えてしまったのです。

マイトナーはまたもや見えない存在《そんざい》になった気がしました。そして、ハーンに手紙を書きました。

わたしはまったく幸せではありません。ここには仕事場があるだけで、立場を保証するような地位がないのです。すてきなご自分の研究所のかわりに、よその研究所の一室があり、何の助けもなく、何の権利もなく、大きな機械(サイクロトロン)だけを愛している自信と自尊心《じそんしん》のかたまりであるシーグバーンがいたらどんなふうだか想像してみてください。そして、そこに内気《うちき》で恥《は》ずかしがりやのわたしがいるのだと思《おも》い浮《う》かべてほしいのです。二〇年間する必要がなかった細かい雑用を全部やらなければなりません。もちろん、それはわたしの失敗です。もっとちゃんと、ずっと早い時期に出発の準備をするべきだったし、少なくとももっとも重要な装置《そうち》の図面を用意しておくべきでした……。けれども、肝心《かんじん》なのは、わたしがまったくの手ぶらでここに来たということです。シーグバーンは、特にあなたがたの見事《みごと》な成果を知ったあとでは、わたしが何もしていなくて、あなたがたふたりがベルリン・ダーレムで物理学面もすべてこなしたのだと、すぐに信じこむでしょう。わたしはすっかり勇気を失いつつあります。

マイトナーはハーンに、解釈はマイトナーによると認《みと》めてほしいと伝えました。もちろん、彼は物理学面では何もしていません。自分の実験がいかに大きな意味をもっているのかも、原《げん》子《し》構造《こうぞう》についてもまったく理解していませんでした。けれども、マイトナーに実験についての助言を受け、自分自身と同じくらいの功績があると認めるわけにはいきませんでした。自分とユダヤ人の名前とを仕事上で結びつけるわけにはいかないのです。またもやハーンは、マイトナーがそれを理解し、しつこくたのんでくるべきではないと思いました。実際、今でもマイトナーの家具や蔵書《ぞうしょ》を送ろうと努力しているのです。それでじゅうぶんではないか、と。

ハーンは、自分の発見は「物理学に何の借りもない！」と言いはり、そっけない手紙を返しました。自分の論文のなかで解釈を物理学者にゆだね、化学者がデータを理解できないことを認めていたのに、それを都合よく忘れていました。マイトナーの考え方が、量子物理学《りょうしぶつりがく》やアインシュタインの有名なエネルギーと質量《しつりょう》の関係式にもとづいていたのも、よくわかっていませんでした。

ストックホルムで支援《しえん》を得られず、そのうえハーンの冷たい仕打ちを受け、マイトナーは耐《た》えられませんでした。そこで、列車とフェリーを乗りついでコペンハーゲンに行き、いつもあたたかくむかえてくれるニールス・ボーアの研究所をたずねました。ボーアはまだアメリカでしたが、フリッシュがいて、そのうえ原子の分裂を見る設備がそろっている研究室があるのです。中性子がウランの原子核に衝突《しょうとつ》するたびに、大きなエネルギーの爆発《ばくはつ》が起き、装置にとりつけられた蛍光《けいこう》スクリーン上で振動《しんどう》している緑色の線が光りました。

刺激的《しげきてき》で美しい真実です。すべてボルツマンが昔、物理学について語ったとおりでした。

第 28 章

核分裂の力

マイトナーはハーンに手紙を出し、この功績は、これまでいっしょに進めてきた研究によるものだと主張しました。そして、フリッシュと書いた論文で、いくつもの「超ウラン」はじつは核分裂の産物で、解釈をあやまっていたことを明らかにしました。

けれども、マイトナーは、自分の「美しい理論」がもつ大きな影響には気づいていなかったのです。分裂した原子ひとつが放出するエネルギーはほんの少量です。でも、もし連鎖反応が起きたらどうでしょう。ひとつの原子が分裂して中性子が生まれ、それがまたべつの原子を分裂させ、つぎつぎにくりかえして……

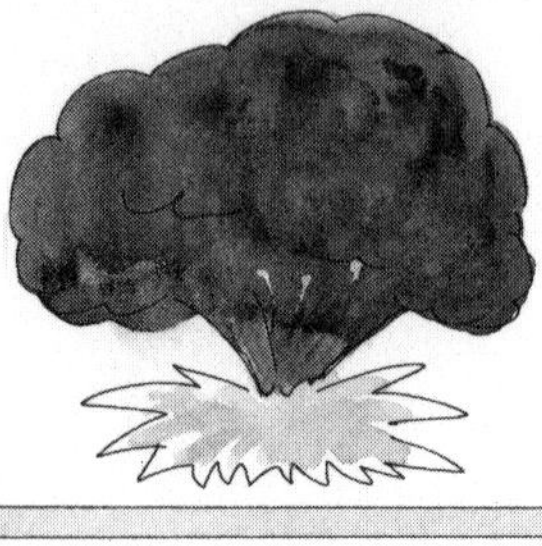

放出されるエネルギーは莫大な量になり、小さな太陽が爆発するようなものです。だれも想像しなかったほどの強力な爆弾がつくれるでしょう。

レオ・シラードは、かつてマイトナーの同僚でしたが、ほんとうにそうなることをおそれました。そして、フェルミに警告しました。

1939 年 9 月 1 日、ヒトラーがポーランドに侵攻。これに対してフランスとイギリスがドイツに宣戦布告しました。第二次世界大戦の始まりです。ドイツが超強力爆弾をもつのは恐怖です。連合国の科学者は、秘密裏に研究を進めることに合意しました。

ロスバウトは科学編集者で、マイトナーのベルリン脱出《だっしゅつ》を助けた友人ですが、気づけばとても重要な位置に立っていました。世界中を旅して、科学者の話を聞き、自分の雑誌《ざっし》への執筆《しっぴつ》を依頼《いらい》してきたのです。ロスバウトはだれが何を研究しているのか知っています。核分裂《かくぶんれつ》が発見されたことによって、スパイとしてさらに大きな任務《にんむ》を負うようになりました。ナチスの核開《かくかい》発《はつ》研究をとにかく探《さぐ》らなくてはいけませんでした。もしヒトラーが原子《げんし》爆弾《ばくだん》（原爆《げんばく》）をつくりかけているのなら、世界は知らなければなりません。

マイトナーはそのすべての中心にいました。中立国スウェーデンを訪《おとず》れるハーンやほかのドイツ人科学者から得た情報をロスバウトに伝えました。そして連合国軍側の人物に本や情報を提供《ていきょう》したのです。マイトナーと連絡《れんらく》をとったひとりモー・バーグは、野球選手からスパイに転身《てんしん》したユダヤ系《けい》アメリカ人で、レジスタンス〔ナチスドイツに対する抵抗運動〕の闘士《とうし》や核科学者の情報をさがしていました。ほかの科学者からの手紙をマイトナーにわたし、マイトナーがハーンに送りたかった手紙をあずかったこともありました。

そもそもマイトナーは原子爆弾の可能性に気づいていたのでしょうか。一九三九年秋の時点では、自分の「美しい発見」と、自分が無視《むし》されたことで頭がいっぱいでした。一九三九年のノーベル物理学賞は、サイクロトロンの開発によりカリフォルニア大学バークレー校のアーネスト・ローレンスにおくられました。マイトナーの発見のほうがはるかに重要でしたが、ノーベル委員会のシーグバーンは大型装置《そうち》が大好きで、自分の研究所で働いていたマイトナーのことは好きではありませんでした。マイトナーとハーンのふたりは核分裂の研究でノーベル化学賞候補《こうほ》に推薦《すいせん》されましたが、委員会は、ほかの研究をしたべつのふたりを選びました。そして、一九四〇年から一九四二年にかけては、「政情不安《せいじょうふあん》」のため、ノーベル賞はまったく授与《じゅよ》されませんでした。じつは委員会はドイツの科学者に賞をおくりたかったのですが、一九三五年のノーベル平和賞がカール・フォン・オシエツキーに授与されて以降《いこう》、ヒトラーがドイツ国民のノーベル賞受賞を禁じてしまったのです。オシエツキーはドイツの平和主義者で、第一次世界大戦後のドイツが再び軍備《ぐんび》を拡張《かくちょう》していることを暴露《ばくろ》したせいで、反逆罪《はんぎゃくざい》の有罪判決を受けていました。皮肉なことに、ヒトラー自身も一九三九年にノーベル平和賞の候補にあがっていました(スウェーデン議会の議員による推薦)。しかし、その年の平和賞はだれにもおくられませんでした。

ノーベル賞委員会による選にもれたと聞き、マイトナーは失望しました。一九三九年末、第二次世界大戦が始まってまもなく、「わたしの仕事はゼロに等しい」とハーンへの手紙に書いています。自分の研究生活のなかでは今が最悪の状況《じょうきょう》だと感じました。ハーンの返事はあいかわらず冷たく形式的で、戦時下の研究はむずかしいという文句ばかりでしたが、マイトナーはハーンに手紙を書きつづけました。家族についてたずねたり、戦時中の物資《ぶっし》不足を心配したりして、ほんのわずかでいいから自分への思いやりも見せてほしいと願いました。

そんなわびしい日々に、よい知らせもありました。マイトナーの義兄《ぎけい》、フリッシュの父親がダッハウの収容所《しゅうようじょ》から釈放《しゃくほう》されたのです。夫婦でスウェーデンのマイトナーのもとにやってきました。マイトナーのほかの兄弟姉妹もオーストリアから脱出し、ぶじアメリカに落ちつきました。

フリッシュも引《ひ》っ越《こ》しました。フリッシュはコペンハーゲンもヒトラーの侵攻《しんこう》からは逃《のが》れられないと以前から心配していました。仲間だったユダヤ人の物理学者、ジョージ・プラチェックにその不安を話すと、プラチェックは「なぜヒトラーはわざわざデンマークを占領《せんりょう》する必要がある？　電話一本ですむんじゃないか？」と言いました〔デンマークにはドイツと戦う軍事力がなく、実際に一九四〇年四月のドイツ侵攻により降伏した〕。

この辛辣《しんらつ》な指摘《してき》も、心強いものではありませんでした。プラチェック自身デンマークを去ると決意したのですから（その結果、一族のなかでただひとりナチスのホロコースト〔ナチスによるユダヤ人大量虐殺〕を逃れました）。フリッシュもそれに続きました。イギリスを旅行中に、ドイツに対する宣戦《せんせん》布告がなされたのです。そのままコペンハーゲンにもどらず、イギリスのバーミンガム大学に職を得て、そこで同じくドイツから逃《に》げてきた科学者ルドルフ・パイエルスに出会いました。このふたりの物理学者は、「敵性《てきせい》外国人」として、のけ者にされました。ふたりともナチスから逃《のが》れてきたユダヤ人難民《なんみん》でしたが、イギリス人から見ればあやしいドイツ人で、スパイかもしれませんでした。いっしょに仕事をすることは許されましたが、行動は厳《きび》しく管理され、厳重《げんじゅう》な外出禁止令が出されました。

　フリッシュとパイエルスは、核分裂の可能性についてさらに研究を進めました。このエネルギーを兵器に利用できるでしょうか？　当初は、大きな爆発《ばくはつ》を起こすには、あまりにも多くのウランが必要だと思われていました。ところが、フリッシュとパイエルスは、一般的《いっぱんてき》なウラン２３８を使うかわりに、希少なウラン２３５を分離《ぶんり》すれば、臨界量《りんかいりょう》〔連鎖反応が起こるのに必要な最小限の核分裂物質の量〕に必要な量がずっと少なくなることを突《つ》きとめました。それまで考えられていたような何トンものウランではなく、ほんの数キログラムですむのです。そして、通常の起爆《きばく》装置で、とてつもなく強力な爆発を起こせます。彼らは、世界初となる原子爆弾の技術的説明を「フリッシュ・パイエルス覚書《おぼえがき》」にまとめました。この文書によって、イギリスとアメリカはドイツが超《ちょう》強力兵器を開発するかもしれないと危惧《きぐ》することになったのです。この文書は広くは発表されず、イギリスの科学者にのみ危険性《きけんせい》を知らせるものでした。アメリカへ移りコロンビア大学で核分裂の研究をしていたレオ・シラードも、ナチスの科学者が同じ研究をおこなう危険性について、物理学者たちに警告《けいこく》を発しつづけていました。

イギリスの科学界の最優先事項《さいゆうせんじこう》はレーダーの開発でした。ドイツの潜水艦《せんすいかん》や戦闘機《せんとうき》、のちにはロケットをも追跡《ついせき》して爆撃《ばくげき》を防ぐ目的でした。原子力《げんしりょく》に関心をもつ者は、利用できるほど大量の原子エネルギーが生み出される可能性はきわめて低いと考えていました。ドイツ軍もまた、原子エネルギーはすぐには使えないと考え、イギリス、さらにほかの国々を攻撃《こうげき》するための長《ちょう》距離《きょり》ミサイルの開発に専念《せんねん》していました。イギリスの一流科学者がレーダーを研究し、ドイツの一流科学者はミサイルを研究していたので、おたがいが表裏《おもてうら》から同じ問題に取り組んでいるような状態でした。ドイツでは、ヴェルナー・ハイゼンベルクを中心とする小さなグループだけが、原子力に着目していました。ハーンはハイゼンベルクのグループの一員でした。

一九三六年、ハイゼンベルクは、「白いユダヤ人」だと親衛隊《しんえいたい》に非難《ひなん》されました。つまり、量子物理学《りょうしぶつりがく》という、いわゆる堕落《だらく》したユダヤ人の科学の研究をしているから、ユダヤ人に同調するアーリア人だというのです。親衛隊による徹底的《てっていてき》な調査がおこなわれました。忠実《ちゅうじつ》なドイツ人であるハイゼンベルクは、親衛隊の長であるハインリヒ・ヒムラーに自分の名誉《めいよ》を回復するよう訴《うった》えました。二年の歳月《さいげつ》を要しましたが、一九三八年、ヒムラーはハイゼンベルクのためにこの問題に介入《かいにゅう》し、ドイツはノーベル賞を受賞した物理学者を失うわけにはいかない、と主張しました。未来の科学者の教育や訓練のために、ハイゼンベルクはドイツに必要なのです。ハイゼンベルクに関する親衛隊の報告書は、彼が「ユダヤ」の物理学を研究していたことを認《みと》めていましたが、「彼はいつでも心からドイツを守る準備ができている……彼は「人はよいドイツ人として生まれるか生まれないかのどちらかだ」と考えている……今日、ハイゼンベルクは、ドイツの生活空間に異質《いしつ》であるユダヤ人の影響《えいきょう》が入りこむこともおおむね拒否《きょひ》している」とも報告しています。

ハイゼンベルクは、徹底したユダヤ人ぎらいとして信用をとりもどし、ウラン・グループと呼《よ》ばれる集団のリーダーとして、帝国《ていこく》のために核分裂の研究をおこないましたが、はるかに多くの援助《えんじょ》がミサイル研究のほうにむけられていました。

レオ・シラードは用心深く警戒《けいかい》しました。なんとしてもドイツに原子兵器を開発させてはなりません。ボーアが衝撃的《しょうげきてき》な発表をしたあと、シラードは自ら実験をおこないました。そして、連鎖《れんさ》反応《はんのう》は可能だとわかってもいました。ウランの核分裂を使って恐《おそ》ろしい威力《いりょく》をもつ兵器をつくりだすことができるのです。シラード自身は政治家への影響力はありませんでしたが、意見を重視《じゅうし》されている物理学者と友人でした。アルベルト・アインシュタインです。シラードは、やはりユダヤ系の亡命《ぼうめい》ハンガリー人科学者**ユージン・ウィグナー**と**エドワード・テラー**の協力を得て、フランクリン・ローズヴェルト大統領あての手紙の草案《そうあん》をつくり、アインシュタインに署名《しょめい》を依頼したのです。その手紙は、ドイツが世界に終末をもたらす装置をつくる可能性が非常に高いと、アメリカの大統領に警告するものでした。問題を解決するには、アメリカが最初につくるしかないと。

第 29 章

アインシュタインからの手紙

シラードは、ニューヨークのロングアイランドで休暇中だったアインシュタインを見つけだし、単刀直入に話しました。

これからどうなるかわかっているのか？
原子は分裂したらその連鎖反応で
巨大な原子爆発だって起こせるんだ
考えもしなかった！

あまりにも危険なので、アインシュタインは警告に同意しました。たとえ実際にドイツがこのような研究をしていなかったとしてもです。シラードはこう書いています。「ひとついえるのは、たいがいの科学者は、物笑いの種になるのをとにかくいやがるものだ。アインシュタインは、そういう考え方をしない、特別な科学者だ」。

アインシュタインは、
シラードが用意した手紙を読んで
署名しました。

この手紙はさらに、最良のウラン鉱山(ベルギー領コンゴと旧チェコスロバキアにある)が容《よう》易《い》にドイツの手に落ちる可能性があると警告《けいこく》し、ドイツが支配下の鉱山からのウラン輸出をすでに中止している点を指摘《してき》していました。それはナチスがすでに超《ちょう》強力爆弾《ばくだん》の開発にとりくんでいることを暗示する不吉な事実でした。でなければ、ウランにかまうはずがありません。

手紙では、ローズヴェルト政権がドイツの科学者との競争に勝つ方法も説明し、アメリカの物理学者や彼らの原子《げんし》物理《ぶつり》学《がく》関連の研究をとりこまなくてはならないと訴《うった》えました。それから、「現在大学の研究所予算の範囲《はんい》内でおこなわれている実験作業を、資金《しきん》の提供《ていきょう》により……そしてできれば、必要な装置《そうち》をそなえている産業界の協力も得て加速する」ようにと、大統領に提言しました。

物理学者たちはイギリス政府にも、この新しい科学分野がもつ軍事的な可能性について警告を発しました。核分裂《かくぶんれつ》は信じられないほどのエネルギーを生み出すことができ、それまで世界が見たこともない巨大《きょだい》な爆弾に使用することもできるのです。もしドイツがそのような兵器を開発したらどうなるでしょう？

フリッシュ・パイエルス覚書《おぼえがき》は、核反応《かくはんのう》を持続させる方法を説明し、爆弾はアインシュタインらが考えたほど重くはならないと明らかにしていました。彼らの研究は、イギリスの核兵器《かくへいき》開発秘密計画、暗号名「チューブ・アロイズ」につながりました。フリッシュとパイエルスは(敵性《てきせい》外国人であったのに)この極秘《ごくひ》プロジェクトの構成員となりリバプールに派遣《はけん》されました。そこにあるサイクロトロンで彼らの見解を実証できるのです。

アインシュタインの提案が発端《ほったん》となって、マンハッタン計画と呼《よ》ばれる、アメリカの核兵器製造に関する大規模《だいきぼ》なとりくみが生まれました。イギリスにはアメリカのような資金や人員はまったくなく、マンハッタン計画が始まると、チューブ・アロイズ計画もアメリカの巨大な事業の一部になりました。アメリカでは、一三万人が雇用《こよう》されて二〇億ドルの資金が投入されました。いっぽうドイツの戦争省は、核開発のための研究所を設立しましたが、その規模は小さく、人員も資金も組織も不じゅうぶんでアメリカとは比べものになりませんでした。ハイゼンベルクは、政府にもっと資金を提供するよう働きかけましたが、この研究は成否《せいひ》が不確実すぎて投資《とうし》する価値がないと言われてしまいました。戦争や検閲《けんえつ》の影響《えいきょう》もありました。ドイツの物理学者は、核分裂関連の国際的な科学ニュースを読むことがもうできなかったのです。中立国スウェーデンでハーンと連絡《れんらく》をとっていたマイトナーは、何の情報も共有しませんでした。ハーンを警戒《けいかい》して、原子物理学の研究については書けなかったのです。研究上の協力関係はなくなっても、なんらかの友情が続くよう心がけました。手紙の内容は、日常生活、自分の絶望感、ハーンを気づかう内容が中心になりました。

長いあいだ、マイトナーには家具も本も実験器具もありませんでした。一九三九年五月にようやくハーンにたのんでいた荷物が届《とど》きましたが、どれもこわれたり、破れたりで、木箱にめちゃくちゃに突《つ》っこまれていました。使えそうなものはありません。マイトナーはハーンにこう手紙を書きました。「二週間もすればどうでもよくなるでしょうが、今はかなり落ちこんでいます」。マイトナーは、かつての生活の残骸《ざんがい》に囲まれてすわりました。ばらばらになったものは、もう元にはもどせないのです。

第 30 章

爆弾の開発競争

1940 年 4 月 9 日、ドイツがデンマークに侵攻。マイトナーはコペンハーゲンに到着したばかりで、研究所にいました。ボーアはノルウェーのオスロから夜行フェリーで航海中だったので、マイトナーは船が沈められないかと心配な気持ちで待ちました。

マイトナーは友人に手紙を書きました。「(ニールスが)到着すると、ご想像どおり、みなとてもほっとしました。朝 6 時少し前ごろ、大量の戦闘機がやってきた騒音で目がさめ、なすすべもなく待つしかありませんでした。中央郵便局、新聞社、ラジオ局、警察署はすぐに支配下におかれましたが、街には兵士がほとんどいません……。わたしはそこにいるあいだは、公式には何も手出しをされませんでした。……もちろん、ニールスとマルグレーテはつらい思いをしています……。でも、ニールスは自分の仕事をあきらめる気はありません」。

ボーアと彼の研究所は安全でも、マイトナーは心配です。めだたないようにして、そっとスウェーデンに帰れるようボーアが手はずを整えるのを待っていました。
またもやマイトナーは国境を越えて、ナチスから逃れなくてはいけませんでした。でも、このときは、脱出する自分の身と同じくらい、あとに残るボーアが心配でした。

いったんストックホルムに帰ると、マイトナーは、ナチス占領下《せんりょうか》のコペンハーゲンでボーアがどうしているのか、ゲシュタポにつかまってはいないのかと心配する科学界に、最新情報を伝えました。彼女はイギリスの友人に電報を打ったのです。

ニールスマルグレーテ会ッタ
　両名無事ナレド不満
コックロフト MAUD RAY KENT《モード・レイ・ケント》 ニ伝言ヲ

ジョン・コッククロフトはイギリスの物理学者で、レーダーを研究していました。敵機《てっき》接近の確認用《かくにんよう》としてコックピットに装備《そうび》できるよう、小型化の開発を進めていたのです。原子力《げんしりょく》を研究するチューブ・アロイズ計画の一員でもあり、マイトナーからドイツの核開発《かくかいはつ》情報をもらっているひとりでもありました。コッククロフトは、その電報に危機感《ききかん》をおぼえました。奇妙《きみょう》な新しい暗号でマイトナーが何を伝えようとしているのか、わからなかったのです。そこで科学者たち全員で解読しようとしました。中性子《ちゅうせいし》を発見した物理学者ジェームズ・チャドウイックは、ドイツの death ray《デス・レイ》(殺人光線)に関する警告《けいこく》だと考えました。コッククロフトは、「MAUD RAY KENT《モード・レイ・ケント》」という奇妙な言葉は、並べかえるとほぼ「RADIUM TAKEN(ラジウムがとられた)」になると考えました。ある暗号解読者は「MAKE UR DAY NT(Make Uranium Day and Night　日夜ウランをつくれ)」と読みました。この謎《なぞ》にちなんで、科学者たちは核《かく》調査《ちょうさ》委員会を「MAUD 委員会」と名づけました。

このミステリーは、核物理学者《かくぶつりがくしゃ》ウィルフリッド・バジル・マンが MAUD 委員会に参加したときに解《と》けました。彼はモード・レイ本人に会っていたのです。モード・レイはボーア家の元家庭教師の女性で、そのときケント州に住んでいました。マイトナーのメッセージは、暗号ではなく、ほんとうに「ボーア一家がぶじだと伝えてください」と言っているだけだったのです。

ひとまずは、安心でした。ボーアは母親がユダヤ人なので、マイトナーと同じようにコペンハーゲンから逃《に》げなくてはいけなくなるでしょう。けれども一九四〇年の段階《だんかい》では、ボーアはまだ自分の研究所に残れると思っていました。

その一か月後、こんどはフランスがドイツのはげしい攻撃《こうげき》にさらされました。またしても、あっという間の侵攻《しんこう》で占領されてしまいました。オランダとベルギーも同様で、フランスと同じ時期に侵攻されました。ヒトラーが全ヨーロッパを支配するかのようでした。しかも、それを通常の戦闘《せんとう》方法でやってのけたのです。もし、ヒトラーが超《ちょう》強力な爆弾《ばくだん》をもったら、どうなるのでしょう。

ドイツは科学者を厳《きび》しく監視《かんし》していましたが、侵略《しんりゃく》により移動ができなくなる前に、ハーンのロンドンへの講演《こうえん》旅行になんとか承認《しょうにん》がおりました。ドイツの機密《きみつ》をもらさないようにナチスの監視者が同行します。逆に、ハーンは現地で仲間の科学者たちから情報を得てこなくてはなりません。

マイトナーは、イギリスにいた弟のヴァルターと甥《おい》のオットー・フリッシュに、ハーンを警戒《けいかい》するようにと、前もって手紙で注意しました。彼は、「同僚《どうりょう》(監視者)のせいで完全に自由ではありません。そして、おそらく内面的にも完全に自由ではないでしょう」。この最後の一文は、マイトナーがハーンを見かぎっていたことを表しています。彼は決して彼女のために立ちあがらず、どのユダヤ人の同僚のためにも立ちあがりませんでした。そして、今や「自分の」功績としか思っていないすばらしい発見で、マイトナーが果たした役割を認《みと》めようとはしませんでした。たとえナチスの正式な党員《とういん》ではなくても、すべてに加担《かたん》しているのと同じだと、マイトナーは考えていました。

第 31 章

自分の研究室

1941 年 12 月 7 日(日本時間で 12 月 8 日)、日本軍がハワイの真珠湾を攻撃し、停泊していたアメリカ海軍の艦隊に大きな損害をあたえました。アメリカは、日本、ドイツ、イタリア(枢軸国)に対する戦争に突入しました。

ヒトラーはデンマークに侵攻したのと同じ日にノルウェーにも侵攻しましたが、スウェーデンは(南のスイスと同じように)中立を保っていました。スウェーデンは、ドイツがノルウェーを占領するために、国土を通って装備や兵士を輸送するのを認めていました。ドイツはイギリス、そして 1941 年なかばからはソビエト連邦を相手にと、まもなく全方向の戦線で戦うようになりました。超強力な兵器があれば、とても役だつでしょう。

この攻撃《こうげき》のころ、第三帝国《ていこく》の軍需《ぐんじゅ》大臣アルベルト・シュペーアは、ハイゼンベルクに会って核爆弾《かくばくだん》の製造について話しました。ハイゼンベルクは、理論的には可能だが、技術的にはあまりにもむずかしいと認《みと》めました。政府から最大限の支援《しえん》を受けても、何年もかかるでしょう。シュペーアは戦後、つぎのように書いています。

ヒトラーは、ときどき原子《げんし》爆弾《ばくだん》の可能性についてわたしに話したが、彼には専門的《せんもんてき》すぎて明らかにむずかしすぎるようだった。核物理《かくぶつり》学《がく》がいかに画期《かっき》的《てき》であるかも理解できなかった。ヒトラーとわたしの会談では二二〇〇項目のメモが記録されているが、そのなかで核分裂《かくぶんれつ》が登場するのはたったひとつだけで、それもほんの少しだ。実際、ハイゼンベルク教授は、核分裂が成功すれば確実に制御《せいぎょ》できるのか、それとも連鎖《れんさ》反応《はんのう》として続くのか、というわたしの質問に対してさえ最終的な答えを出していない。ヒトラーはイギリスに対して一瞬《いっしゅん》たりともためらわずに原爆《げんばく》を使っただろうと、わたしは確信している。

ハイゼンベルクは、むしろ「ウラン・エンジン」と呼《よ》ばれる動力源《どうりょくげん》、つまり原子炉《げんしろ》の建設に専念《せんねん》していました。けれども、それすらたいして進んでいなかったのです。ハーンがその研究チームにいましたが、ドイツの主な物理学者は国を去っていました。ナチスが招いた頭脳《ずのう》流出です。そして、その優秀《ゆうしゅう》なユダヤ人の科学人材は連合国のために働いていました。

一九四一年九月中旬《ちゅうじゅん》、ハイゼンベルクはコペンハーゲンのボーアの研究所をたずねました。ボーアは、ハイゼンベルクがナチスの超《ちょう》強力爆弾製造をおこなう科学者のリーダーではないかと恐《おそ》れました。彼はスパイとしてコペンハーゲンに来て、連合国側の原子爆弾開発の進み具合を探《さぐ》ろうとしているのでしょうか？　ボーアの研究を盗《ぬす》むつもりなのでしょうか？

ハイゼンベルクは、ドイツのデンマーク占領《せんりょう》は何の問題もないというふうにふるまいました。そして、プルトニウム製造用の原子炉の図、すなわちドイツの自分のグループの研究結果をボーアに誇《ほこ》らしげに見せました。それから、原子爆弾についてたずね、ほかの国々でどのような研究がおこなわれているのかを聞きだそうとしました。ボーアは何も明かさず、ハイゼンベルクが冷静にファシズムを受けいれているのを恐ろしく感じました。ハイゼンベルクは、旧友の気まずい沈黙《ちんもく》を無視《むし》しました。ドイツが戦争に勝ち、核兵器《かくへいき》ひとつが勝利の決定打になるだろうと自慢《じまん》しながら、情報を求めつづけたのです。少なくとも、その訪問《ほうもん》直後のボーアからマイトナーへの報告には、そう書かれています。

しかし、ハイゼンベルクによる話は異《こと》なります。彼は核兵器使用の不道徳性を警告《けいこく》し、いかにそれが科学者に重くのしかかっているか、科学者は自分が開発するものに慎重《しんちょう》になるべきであると意見を述べたというのです。戦後ハイゼンベルクは、自分が原子兵器をつくるつもりがなかった証拠《しょうこ》として、この話を発表しました。そして、自分には道徳的な良心があったが、ボーアにはそのような倫理《りんり》観《かん》がなかったと主張しました。

マイトナーは、後世お芝居《しばい》にもなった有名なこの会談について、カイザー・ヴィルヘルム研究所時代の旧友マックス・フォン・ラウエへの手紙のなかに記しています。「ヴェルナー(・ハイゼンベルク)とカール・フリードリヒ(・フォン・ヴァイツゼッカー)の訪問に関する彼(ボーア)の報告は、半分おもしろく、半分気がめいるものでしたが、……これは内密《ないみつ》にお願いします。わたしはこれを聞いてとてもがっかりしました。かつては彼らをまともな人間だと信じていました。けれども、彼らは道をふみはずしたのです」。マイトナーは、ナチスに加担《かたん》したふたりを決して許そうとはしませんでした。ハイゼンベルクが高い道徳的立場にあるふりをしたことにとりわけ立腹《りっぷく》し、コペンハーゲンへの訪問はスパイ行為《こうい》で「許《ゆる》し難《がた》い」と考えていました。

ハイゼンベルクがほんとうにボーアから核兵器開発の状況《じょうきょう》を聞きだそうとしていたのだとす

れば、その意図は失敗に終わりました。しかし、ボーアははったりを真に受けてしまいました。ハイゼンベルクを科学者としてあまりにも尊敬《そんけい》していたからです。もし、ハイゼンベルクがドイツが戦争に勝つと思っているのなら、連合国側には真剣《しんけん》に憂慮《ゆうりょ》すべき点があるということです。マイトナーも同じように不安でした。そして、核物理学者で化学技術者でもあり、ノルウエーのレジスタンスの連絡《れんらく》相手でもあったナール・ホールに、「連合国にはハイゼンベルクのような人物がいないのが心配です」と伝えました。

恐怖《きょうふ》を感じていたのはふたりだけではありません。核爆弾の構想は、もはや抽象的《ちゅうしょうてき》な理論ではなく、連合国は何としてもドイツ軍より先につくろうと決意していました。一九四二年九月、マンハッタン計画が急ピッチで立ちあげられました。あやしい「敵性《てきせい》外国人」であるはずのフリッシュとパイエルスは、イギリス国籍《こくせき》を取得することになり、マンハッタン計画の研究にとりかかるためにニューメキシコ州ロスアラモスに派遣《はけん》されました。

核分裂の発見者であるマイトナーも、甥《おい》とともに仕事を打診《だしん》されました。マイトナーは心ひかれ、設備の整った研究室と自分の研究をしっかり支えてくれる組織を思いうかべました。けれども、兵器になるものを研究するのは恐ろしくてたまりませんでした。第一次世界大戦でハーンが化学兵器の開発にたずさわったことを嫌悪《けんお》していたのです。その何倍も恐ろしいものになるとはっきりしているのに、加担はできません。「爆弾には関わりません！」と言って、ことわりました。何としてもナチスの動きを止めたかったのですが、それは核兵器の開発以外の方法ででした。マイトナーにとって物理学とはいつも真実を探究《たんきゅう》するものであり、権力を追い求めるものではありませんでした。それは世界を理解するためのものであり、世界を操《あやつ》るためのものではありません。科学者には、自分の研究の倫理的な意味あいをきちんと知る責任があるのです。マイトナーは、原子エネルギーを家の照明や機械の動力として利用することは支持しましたが、そのエネルギーを大きな破壊《はかい》に利用する考えにはぞっとしました。自分の発見が、そんな悪夢につながるとは思いもしなかったのです。

連合国が原爆製造を急ぐいっぽう、ドイツは実現化はむずかしいと判断しました。一九四二年一月、カイザー・ヴィルヘルム協会の新会長で熱烈《ねつれつ》なナチス支持者のアルベルト・フォーグラー博士と、ドイツ軍の兵器研究室長エミール・レープ将軍がベルリンで会談し、核の将来について議論《ぎろん》しました。レープは、帝国がすでに使っている兵器に満足していました。そして、奇妙《きみょう》で絵空事《えそらごと》のような爆弾は必要ないとし、発電むけの原子力の研究はもうじゅうぶんおこなわれていると主張しました。ウランの研究はあとまわしにすべきで、戦争遂行《すいこう》に不可欠なものではまったくないというのです。フォーグラーはこれに同意せず、軍需大臣のシュペーアに原子爆弾研究をなんらかの形で支援するよう懇願《こんがん》しました。

シュペーアは、再びハイゼンベルクと、ハーンをふくむ研究チームに会い、資金難《しきんなん》についての彼らの不満を聞き、ヒトラーに伝えました。ヒトラーにとって原子物理学の研究をもう一度見直す機会です。ところが、ヒトラーはちょうど自分専属《せんぞく》の写真家ハインリヒ・ホフマンから、まさにこの件に関する報告を受けていて、これ以上の支援は必要ないとしました。シュペーアはこう書いています。「この件に関してヒトラーは明らかに、責任を負っている人々から情報を得るという直接的なルートを選ばず、信頼《しんらい》できない無能な情報提供者《ていきょうしゃ》にたより、日曜日の新聞の特集記事のような説明をさせた。これもまた、彼が素人《しろうと》を好み、基本的な科学研究を理解していない証拠だ」。

ハーンはまだ研究室をもって研究職につき、そこそこの給料をもらっていましたが、幸せな時期ではありませんでした。のけ者にされている気がしました。今やハーンのほうが無視されていると、マイトナーに文句を言うようになったのです。有力な科学者らはロケットミサイルにとりくんでいました。その分野の研究には注目が集まり、資金も栄誉《えいよ》もありましたが、放射能《のう》専門の化学者は必要とされていません。ハーンが核分裂の大発見をした直後にあった人々の興奮《こうふん》はもう冷めていました。ハーンはマイトナーの同情を得られると期待しました。けれども、マイトナーはその話題を完全に避《さ》けたのです。

第 32 章

もうひとりの物理学者の脱出

1943 年 9 月には、ボーアの名も秘密警察ゲシュタポのリストにのっていました。母親がユダヤ人だったからです。いよいよデンマークを離れるときでした。まず研究所から核研究やユダヤ人亡命科学者についての記録をすべて処分し、それからボーアとその家族は、小さな漁船でマイトナーと同じようにこっそり脱出しました。

ナチスの手に貴重な機材がわたらないように、デンマークの地下組織は研究所に爆薬をしかけたらしいという話も残っています。けれども、研究所の検査にドイツからやってきたハイゼンベルクたちはざっと見てまわっただけで、研究所の接収を解除して帰りました。地下組織が研究所を爆破する必要などありませんでした。

ボーアがストックホルムに到着したところにマイトナーがかけつけました。ボーアは休む間も惜しんでスウェーデン王に会おうとしました。

デンマークのユダヤ人を救っていただく！
わかっていただかねば！

難民を受けいれるのは「ドイツの問題に対する不当な干渉」だとヒトラーが言ったぞ
デンマークの問題に干渉しているくせに！
やれやれ

しかし、その夜、国王は特別ラジオ放送をおこないました。

スウェーデンはすべてのデンマーク難民を歓迎する

デンマークの地下組織が大量の漁船を手配し、ユダヤ人たちに冷たい海を密航させました。ナチスに妨害された船もありましたが、ほとんどはぶじにスウェーデンに到着し、6000 人以上のユダヤ人が救出されました。

マイトナーは、ヨーロッパじゅうでユダヤ人に起きているできごとに心を痛《いた》めました。自分がユダヤ人であるという意識が強いわけではありませんでしたが、ナチスのむごい行為《こうい》を何とも思わない人たちがいることが理解できませんでした。

ボーアも自分がユダヤ人だとは思っていませんでした。けれども、ドイツがヨーロッパを占《せん》領《りょう》するのに、じっとしているわけにはいきません。いよいよ原爆《げんばく》製造の競争に参加するときがきたのです。マイトナーの立場は尊重《そんちょう》しました。自分も殺人兵器をつくりたくはありません。しかし、ヒトラーは止めなければならないのです。ボーアにとって、それはマンハッタン計画への参加を意味していました。

イギリスの爆撃機《ばくげきき》が派遣《はけん》され、ボーアをストックホルムからロンドンへ連れてきました。そこからアメリカのロスアラモスに行くのです。しばらくしたら、家族も行くでしょう。しかし、その前に操縦士《そうじゅうし》は、ナチスの占領で敵地《てきち》となったノルウェー上空を飛ばなければなりません。撃墜《げきつい》されないようにジグザグに飛行し、ぶじロンドンに着陸しました。少なくとも、操縦士はぶじでした。ところが、後部貨物室にいたボーアは高度のせいで気を失っていました。ボーアの頭は大きすぎたのでわたされたヘルメットがかぶれず、酸素供給《きょうきゅう》のスイッチを入れるようにという指示も聞けませんでした。

幸い、深刻《しんこく》な状態ではありませんでした。意識がもどると、彼がまず気にかけたのは、チューブ・アロイズ計画に参加していた科学者たちにドイツの原爆開発について確実に伝えることでした。ハイゼンベルクが自慢《じまん》していた計画です。ボーアはドイツの研究の実状を知っていたわけではありません。ただ最悪の場合を恐《おそ》れていたのです。そして、ボーアはニューメキシコにむかいました。マンハッタン計画を指揮《しき》したレスリー・グローヴス司令官は、ボーアの影響《えいきょう》力《りょく》について回顧《かいこ》録《ろく》のなかでこう語っています。

「彼は絶好のタイミングでやってきた。物理学者が無数の小さな問題に直面し、製造は難局《なんきょく》をむかえていた。彼らは爆弾《ばくだん》の根本的な問題から遠ざかってしまったのだ。核分裂過《かくぶんれつか》程《てい》の研究そのものがされていなかった……。ボーアの関心が、新しい理論的、実験的活動を生み出し、それまで答えが出ていなかった多くの問題を解決した」。

マンハッタン計画は、その最盛期《さいせいき》、三つの都市に分散《ぶんさん》していました。テネシー州オークリッジ、ワシントン州ハンフォード、そしてニューメキシコ州ロスアラモス。ボーアは、ニューメキシコから妻とマイトナーに暗号のようなメッセージを送りましたが、重要なことは何も伝えられませんでした。当時マイトナーにロスアラモスから手紙を書いていた人はふたり、ボーアとフリッシュですが、どちらも自分の仕事について何も書けません。それで、マイトナーはますますとりのこされたような気持ちになりました。

マイトナーの世界は、それまでになく空っぽに感じられました。けれども、マイトナーは爆弾製造には参加せず、手を貸すつもりもありませんでした。

第33章

ドイツの核開発計画

マイトナーは、イギリスやアメリカから新しい情報をあまり得られなくなりました。連絡をとりやすかったのはドイツだけです。ナチスは中立国のスウェーデン人を、背が高く金髪で青い目の完璧なアーリア人だとほめたたえていました。そして、ドイツの科学者たちはたびたびストックホルムを訪れました。

そのため、マイトナーはドイツの科学情報を集めるうえで重要な存在になったのです。ロスバウトは、マイトナーが訪問客から得る情報をたよりにしていました。彼女は、イギリスの諜報機関のために働くノルウェーの物理学者を通して、技術書や研究記録、暗号書などもわたしました。みんなと知り合いで、それなのに重要でない女性だとみなされていたので、だれもマイトナーを疑いませんでした。

最近
ベルリン
はどう？
ここに来られていてよかったですよ！ あなたが原子核分裂を見いだしたせいで難問が山積みで解決しようとみんなたいへんですよ。研究記録をおいていきますからあなたの考えを聞かせてください

このおいしいワインの味を親愛なるリーゼに話してきかせないと！ 戦争中とは思えないよなあ
運よくわれわれは配給制じゃない
やはり帝国にはわれらの頭脳が必要なんだよ。強力な核エンジンをつくるぞ。見てろよ
よく言うよ！ ひとつ問題を解決するとすぐつぎが出てくる。無理だよ

マイトナーの主要情報源のひとりは、研究所時代の旧友マックス・フォン・ラウエでした。研究仲間とのいつもの夕食会で、ぜいたくな食事をしながら楽しんだ科学に関するうわさ話を送ってくれたのです。ラウエは政治的なことを書かないかぎり、長文の手紙も問題ないと思っていました。

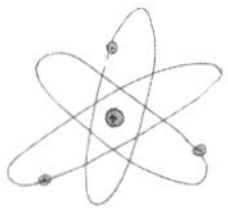

マイトナーが再びハーンから受けとった手紙には、核分裂《かくぶんれつ》を「超《ちょう》強力爆弾《ばくだん》」に使うか「ウラン・マシン」に使うかの選択肢《せんたくし》が出てきたと書かれていました。そして自分は、製造がより容易《ようい》で安全なウラン・マシン（エネルギー生産用の原子《げんし》炉《ろ》）を選んだと。ハイゼンベルクも同意して、ヒトラーに提案しました。そして、核開発《かくかいはつ》計画が強化されることになったものの、ミサイルの研究に比べれば、まだまだ資金《しきん》不足でした。このニュースはロスバウトに伝えられました。

それからしばらくして、ハーンが核分裂の講演《こうえん》のためにストックホルムにやってきました。ハーンはふたりのあいだにわだかまりはないと信じこんでいて、マイトナーに会いたがり、彼女の六五歳《さい》の誕生日《たんじょうび》をいっしょに祝おうと提案しました。マイトナーもハーンに会えて、かつての科学探求《たんきゅう》の日々に少しでももどれた気がしてうれしかったのです。けれども、核分裂の発見でマイトナーが果たした役割をいまだに認《みと》めず、ナチスがユダヤ人にしていることも事実だと認識《にんしき》しないハーンに失望しました。言葉に出せない思いが、気まずい距離《きょり》を生みました。

ハーンの講演は、マイトナーがボーアや甥《おい》のフリッシュから聞いた話とは正反対の内容でしたが、彼女はハーンにそれを指摘《してき》しませんでした。ハーンは、核連鎖反応《かくれんさはんのう》の大きな可能性を説きましたが、「技術的問題を克服《こくふく》することは可能」かには疑問を呈《てい》して講演を終えました。フリッシュとパイエルスが、ウランの必要量と、連鎖反応を持続させる方法という二つの技術的問題をすでに解決ずみなのをハーンは知りませんでした。彼はマンハッタン計画を知らなかったのです。知っていたのは、ドイツ政府が原子《げんし》兵器をあきらめたということだけでした。そして、世界中があきらめたと思いこんでいました。マイトナーはハーンには何ひとつ伝えず、いっぽうでボーアに伝える確かなメッセージがまたひとつふえました。そして、ロスバウトにも。

ロスバウトは自分でも直接聞いて知っていましたが、マイトナーが確認《かくにん》したのは、ハイゼンベルクのチームが「ウラン・マシン」の研究でもわずかな成功しかおさめていないということでした。それが明らかになっても、ロスアラモスでの研究はスピードを落としませんでした。ドイツはあまりにも科学大国なので、あなどれなかったのです。

連合国軍はベルリンを爆撃《ばくげき》しました。一九四四年二月にカイザー・ヴィルヘルム化学研究所が被災《ひさい》し、その瓦《が》れきを片づけるために、ナチスは強制収容所《しゅうようじょ》の囚人《しゅうじん》を連れてきました。弱りきって飢《う》えた人々が長時間労働を強《し》いられたのです。まだベルリンに住んでいたロスバウトは、瓦れきの撤去《てっきょ》を手伝いにいき、やせ細った人々に新鮮《しんせん》なロールパンをわたしました。ユダヤ人にパンの耳をあげるだけでも犯罪行為《こうい》でした。けれども、ロスバウトは危険《きけん》をかえりみません。ハーンの同僚《どうりょう》のひとりは、その危険なプレゼントに気づき、何年もたってから思いかえしています。「この勇気ある行動は、若い人たちに深い印象をあたえた。わたしたちには、そんな勇気はなかった」。

ハーンは、爆撃についてマイトナーに苦《にが》い怒《いか》りの手紙を書きました。のちに、ハーンは収容所での飢えを知らなかったと語ってはいますが、骸骨《がいこつ》のような囚人を目《ま》の当たりにしていたのです。自分自身の損《そん》ばかりに気をとられ、それ以外のことは考えていなかったのでしょう。ハーンと仲間の科学者は南部のタイルフィンゲンに移されました。その安全な場所から、ハーンは連合国による学術施設《しせつ》への攻撃《こうげき》について文句をつづりました。そして、なぜ軍需品《ぐんじゅひん》やロケット基地、鉄道基地を爆撃しないのかと問いはしても、収容所や囚人についてはまったくふれませんでした。マイトナーは、それまでハーンがマイトナーを冷たいとか怒《おこ》っているとか非難《ひなん》したのを忘《わす》れて、昔のパートナーをなぐさめようとしました。

ハーンのつぎの手紙には、べつの理由による苦しみが書かれていました。親衛隊《しんえいたい》がウラン・グループに原子《げんし》爆弾《ばくだん》をつくらせようと、ヒトラーに圧力をかけているというのです。科学者たちは不可能だと考えているのに、その意見は無視《むし》されました。ハーンは親衛隊のために働かされるのを恐《おそ》れました。けれども、拒否《きょひ》できませんでした。マイトナーからロスバウトへ、またひとつメッセージが送られました。

軍需大臣のシュペーアは、ヒトラーと彼の科学に対する態度についてたくさんの文章を残していますが、ヒトラーのこの変化については何も触《ふ》れていません。ヒトラーにとっては、一九四二年六月四日の会議が原爆《げんばく》開発の最後のチャンスでした。しかし、ハイゼンベルクが核の可能性について弱気な発表をし、請求《せいきゅう》した予算はあまりに少額でした。とても本格的にはとりくめないとし、原子爆弾開発の話は消滅《しょうめつ》しました。ドイツ空軍《ルフトヴァッフェ》は、当時、新技術に三か月につき約二〇億ドル(マンハッタン計画全体とほぼ同額)を費《つい》やしていました。ハイゼンベルクの生ぬるい態度にもかかわらず、原子爆弾開発を支持していたシュペーアは、ハイゼンベルクに研究強化のために数百万マルクを出すと提案し、国内予備軍司令官のフリードリヒ・フロムは軍の任務《にんむ》についている数百人の科学者をそのプロジェクトの支援《しえん》にまわすことを承諾《しょうだく》しました。ハイゼンベルクは、そのような大金や人をどう使えばいいのか見当もつかないと答えました。こうして、ドイツの核兵器《かくへいき》や原子炉の本格的な研究が終わったのです。けれども、強制収容所での大量殺《さつ》りくのうわさを聞き、マイトナーは安心できませんでした。ナチスは、超強力爆弾がなくても、膨大《ぼうだい》な数の人間を殺せるらしいのです。

第 34 章

ナチスの科学者をどうするか？

アメリカが参戦し、ようやく連合国側が優勢にたちました。その後の計画も立てられていきました。ナチスには秘密兵器の宝庫があるにちがいありません。「アルソス作戦」がひそかに計画されました。特殊工作員が軍隊とともにナチスの科学情報を追い、ナチスの科学者を拘束するのです。
1944 年 6 月 6 日、ノルマンディー上陸作戦決行日、連合国軍はフランス・ノルマンディーの海岸に上陸しました。

ドイツ軍が新しい放射性兵器を使った場合にそなえて、化学チームも加わりました。実際は、銃、地雷、爆弾といったそれまでどおりの戦いでした。それでも悲惨な戦いで、1 万人の兵士が死傷したのです。それでも、連合国軍は徐々に砂浜を越え、フランスをぬけてドイツへ侵攻しました。アルソス部隊も続き、ドイツのロケット弾や魚雷を発見しましたが、核兵器らしきものは見つかりませんでした。

一九四五年四月、アメリカ軍はタイルフィンゲンでハーンを逮捕《たいほ》しました。ハーンとハイゼンベルクをふくむ一〇人が、イギリス・ケンブリッジ近郊《きんこう》のファーム・ホールという邸宅《ていたく》に移送されました。五月七日にドイツが降伏《こうふく》し、科学者たちはショックを受けました。ヒトラーが戦争に負けた？　地下壕《ちかごう》で自殺した？　わけがわかりませんでした。

彼らは、ひどい扱《あつか》いを受けていると愚痴《ぐち》を言いましたが、実際にはかなり快適な環境《かんきょう》で過ごしていました。そしてそのことを気取《けど》られないように、たがいに気をつけあいました。だれも気づいていませんでしたが、彼らの発言はすべて、邸宅のあちこちにかくされた盗聴《とうちょう》マイクで録音されていました。邸宅に入った最初の日に、こんな会話が録音されました。

クルト・ディーブナー　ここには盗聴マイクがあるのかな？

ヴェルナー・ハイゼンベルク　盗聴マイク？(笑)　いやいや、やつらはそんなに巧妙《こうみょう》じゃない。ほんとうのゲシュタポ流のやり方を知らないだろうから、そういう点ではちょっと遅《おく》れている。

イプシロン作戦と呼《よ》ばれた、この科学者の拘留《こうりゅう》は、核分裂《かくぶんれつ》や爆弾《ばくだん》製造について彼らがどの程度わかっているのかを正確に把握《はあく》するためのものでした。そしてはっきりしたのは、この科学者たちが、自分たちを優秀《ゆうしゅう》だとみなしていながらも、原子《げんし》爆弾を実際に製造できるとは思ってもいなかったことでした。

じつは原子爆弾は製造できるどころではなく、もう完成していました。一九四五年五月末、ワシントンDCで原子爆弾について議論《ぎろん》する会議が開かれました。ドイツは降伏しましたが、太平洋での日本との戦いは続いていました。日本人はあまりにも頑固《がんこ》で天皇に忠実《ちゅうじつ》なので、決して降伏しないだろうと思われていました。

最初の核実験は七月、ロスアラモスに近いアラモゴード試験場のある砂漠《さばく》でおこなわれると決まりました。科学者たちは、ソビエト連邦《れんぽう》を招待《しょうたい》してこの強力な兵器を見せれば、おたがいに未来の核軍拡《かくぐんかく》競争を避《さ》けるべきだと合意できるだろうと提案しました。彼らは大統領に手紙を書き、原爆《げんばく》を兵器として使うのではなく、抑止力《よくしりょく》としてのみ使用するよう訴《うった》えました。しかし、軍部の考えはちがいました。原爆を日本に投下し、アメリカの軍事的優位性《ゆういせい》を証明したいと思っていたのです。そのあと、アメリカはそれ以上の爆弾生産を停止して、誠意《せいい》と倫理的《りんりてき》意志を示すというのです。

科学者対将校《しょうこう》の議論で、どちらが勝つかは明白でしょう。ボーアが心配していたのは、まさに原爆のこの使い道でした。破壊《はかい》を抑止するためにのみ使用されるべきで、破壊を起こしてはいけないと、ボーアは考えました。そして、軍拡競争の可能性、数々の国がそれぞれ独自の超《ちょう》強力爆弾を開発するかもしれないことに、さらに恐怖《きょうふ》をおぼえました。

ボーアは原爆に専念《せんねん》しましたが、マイトナーのほうは、ドイツが降伏すると原爆のことは忘《わす》れてしまいました。ヒトラーが死んで帝国《ていこく》が崩壊《ほうかい》したのですから、もう爆弾がいるわけはありません。マイトナーには自身の不安や心配がありました。そして絶滅収容所《ぜつめつしゅうようじょ》（勾留や強制労働ではなく大量虐殺自体を目的とした施設）のニュースにぞっとしました。うわさに聞いていたより、はるかにひどかったのです。それは囚人《しゅうじん》の収容所ではなく、大量殺《さつ》りくの場所でした。何百万もの人々が殺され、そのうち六百万人がユダヤ人の男性、女性、子どもたちでした。ストックホルムでは、収容所から解放《かいほう》された難民《なんみん》が受けいれられており、彼らの坊主頭とやせ細った体を見て、マイトナーはあまりの痛《いた》ましさに胸《むね》がしめつけられる思いでした。ドイツがやったことなのです。自分が愛したドイツが。自分に多くのものをあたえてくれた国で、世界でもっとも教育と文明が進んでいると思っていた場所でした。そのうえ、友人や同僚《どうりょう》が、人道《じんどう》に反する巨大《きょだい》な犯罪に加担《かたん》したのです。彼らは見て見ぬふりをして、自らを正当化し、何も言わなかったのです。

マイトナーは、ハーンが第一次世界大戦中に毒ガスの研究をしていたとき、反対はしませんでした。彼がエミール・フィッシャー賞を受賞して自分が複製のメダルしかもらえなかったときにも批判《ひはん》しませんでした。核分裂の発見を、彼が自分だけの手柄《てがら》にしようとしたときも、公《おおやけ》に反論《はんろん》しませんでした。けれども、こんどは無視《むし》できない問題です。このときばかりは、おじけづいたり気をつかったりしませんでした。はげしく怒《いか》りました。そして、手紙を書きました。

親愛なるオットーへ

今月、わたしは心の中であなたへの手紙を何通も書きました。なぜなら、あなたやラウエのような人でさえほんとうは何が起こったのかを把握していないのが、明らかだからです。ラウエが［生物学者フリードリヒ・］ヴェットシュタインの死について手紙で知らせてきたときに、はっきりわかりました。彼の外交手腕《しゅわん》を思えば、その死は世間一般《いっぱん》にとっても損失《そんしつ》だったと書かれていました。ヴェットシュタインは戦争末期に大いに役に立てたはずだと。近年起こった多くの犯罪に異議《いぎ》をとなえなかった人物が、いったいどうドイツの役に立てたというのでしょう？　これこそがドイツの不幸なのです。つまり、あなたがたはみな、正義と公正についての基準を失ってしまったのです。一九三八年三月の時点で、あなたは、［カイザー・ヴィルヘルム協会理事フィリップ・ハインリヒ・］ヘールラインから、ユダヤ人が恐《おそ》ろしいめにあわされると聞いたと、わたしに話してくれました。あのような犯罪が計画され、のちに実行されるのを、彼はすべて知っていたのです。そして、ヘールラインが［ナチス］党員《とういん》であったのにもかかわらず、あなたは彼を、とても尊敬《そんけい》できる人物とみなしましたね。そして親友であるわたしに対するふるまいも、彼に左右されたのです。また、あなたがたは全員ナチスドイツのために働き、消極的抵抗《しょうきょくてきていこう》すら試みませんでした。もちろん、自分の悩《なや》める良心を救うために、抑圧《よくあつ》された人を助けることもたまにはありました。でも、何百万人もの無実の人々が殺されるのを放置し、抗議《こうぎ》の声はあげなかったのです。

この点はあなたにお伝えしなくてはなりません。今、あなたがたとドイツに起きている多くのことは、あなたがたが事態を止めようとしなかったことを認《みと》めるかどうかにかかっているからです……。わたしだけでなく多くの人がそうすべきだと思っていますが、あなたがたには声明を出すという道があります。つまり、あなたがたは起きたことに対して受け身であったがゆえに責任があると理解しており、過去に対して、できうるかぎりの賠《ばい》償《しょう》に協力しなくてはならないと感じているという声明です。

無慈悲《むじひ》に聞こえるかもしれませんが、信じてください。すべて、真の友情から書いているのです。世界がドイツをあわれむという期待はまったくできません。最近聞いた強制収容所の理解しがたい残虐行為《ざんぎゃくこうい》は、想像を絶するものでした。イギリスのラジオでベルゼンとブーヘンヴァルトの収容所についてのとても客観的な報道を聞いたとき、わたしは声をあげて泣いてしまい、一晩じゅう眠《ねむ》れませんでした。それに、もし収容所からここに来た人たちをあなたが見たなら……。ハイゼンベルクのような人間、そして彼といっしょだったほかの何百万人もの人々に、これらの収容所や拷問《ごうもん》を受けた犠牲者《ぎせいしゃ》たちを見せるべきです。一九四一年デンマークでの彼のふるまいは忘れることができません。◆

わたしがまだドイツにいたころ(そして今、自分がすぐに逃《に》げ出《だ》さなかったのは愚《おろ》かなだけでなく、大まちがいだったとわかっています)、「あなたではなく、わたしたち(ユダヤ人)だけが眠れない夜を過ごすかぎり、ドイツはよくならないでしょう」と、あなたによく言っていました。でも、あなたは眠れない夜を一度も過ごしたことはありませんでした。あなたはそんな状況《じょうきょう》を見ようとしませんでした。あまりにも不都合だったからです。あなたに、大小さまざまな例をあげてみせられます。ここに書いたことはすべてあなたがたのお役に立とうとしているからだと、どうか信じてください。

みなさんへ心からの愛をこめて。

マイトナー

マイトナーはハーンという人をよく知っていました。そしてマイトナーが予想したとおり、ハーンはドイツをあわれむよう世界に求めていたのです。ファーム・ホールの盗聴マイクの録音によると、自分はとても道徳的な人間で、マイトナー自身がその証拠《しょうこ》であると主張していました。「……一九三八年、非アーリア人のマイトナー嬢《じょう》がまだそこにいたとき、彼女をわたしの研究所にとどめておくのは簡単ではありませんでした」。ハーンは自分がマイトナーに出ていくようせきたて、実際に追い出したことを都合よくわすれていました。

このように自分勝手な態度だったのは、ハーンだけではありません。科学者全員が、自分の待遇《たいぐう》に文句を言っていました。囚人とはいえ、快適な部屋と、じゅうぶんな食事と、心地よい散歩ができる敷地《しきち》をあたえられているのにです。ヴァイツゼッカーなどは長期収容を希望したほどです。**エリッヒ・バーゲ**はヴァイツゼッカーについて聞かれ、「彼は毎日、考えたり働いたりするのに、ここよりよいところはほかにないと言っている」と答えました。

この科学者らは、アメリカのドイツに対するあつかいがまったく残酷《ざんこく》だと考えていました。ドイツがほんとうの被害者《ひがいしゃ》だと。録音された会話のなかで、ドイツの残虐行為についての発言はほとんどなく、あったとしても、たいてい自分たちが責任逃《のが》れをする文脈でのことでした。「ヒトラーがこの数年間、収容所での残虐行為を命じていたとしても、それは戦争の重圧のなかで起きたことだ。今は平和だし、ドイツは無条件降伏したのだから、われわれに対して同じようなことはできないだろう」。

ハイゼンベルクのチームの物理学者**カール・ヴィルツ**だけは、つぎのように認めていました。「われわれは世界でも類を見ないことをしました。ポーランドに行って、ユダヤ人を殺害しただけでなく、たとえば、親衛隊《しんえいたい》は女子校に車で乗りつけ、優等生《ゆうとうせい》の組の生徒たちを連れ出し、その女子生徒たちが高等学校に通っているからというだけで、インテリ層《そう》は一掃《いっそう》するべきだと射殺《しゃさつ》したのです。もし彼らがヘッヒンゲン［ドイツの小さな町］にやってきて、女子校に乗りこみ、女子生徒を全員射殺したならと想像してみてください！　わたしたちが実際におこなったのは、そういうことです」。

このヴィルツの発言に対して、科学者のだれからも反応はありませんでした。

録音のなかではだいたい、彼らは、彼らをとらえている者に自分たちが価値ある存在《そんざい》に見えるよう作戦を練り、戦争が終わったときに自分たちがどうなるのかを心配していました。エリッヒ・バーゲは「ハイゼンベルクが爆弾をつくれる世界でただひとりの男だと、アメリカ人に伝えるべきだ」と提案しました。

マイトナーは手紙をハーンに送りましたが、返事はありませんでした。ハーンが逮捕されたことも、手紙を受けとらなかった事実も知りませんでした。ずっとあとになって、手紙のことをハーンに問いただしたところ、彼は何のことかわからないと言いはりました。マイトナーは、その言葉を信じられなかったようで、ハーンが再び自分の存在をなかったことにしているのだと思い、手紙の自分用の写しに、〝彼に届《とど》かなかった手紙〟と、わざわざ引用符《いんようふ》を入れて書きこみました。

◆原注　マイトナーは、本書の一六六ページに記載《きさい》されている、ハイゼンベルクとボーアの有名な会談を指している。ハイゼンベルクは道徳的にすぐれた人物のふりをして、原子爆弾に関する情報を聞きだそうとしていた。

第 35 章

原爆の母

1945 年の夏、マイトナーはスウェーデンの湖畔レクサンドに住む友人を訪ねていました。8 月 6 日に最初の原爆が広島に投下されたときも、そこにいました。
ひどいニュースがある…
えっ!!!

ニュースを聞いたマイトナーは泣きだしてしまいました。彼女の「美しい発見」のせいなのでしょうか？　追い求めたのは、ただ真実だけ。こんな大量破壊ではありません。

マイトナーさん？ レクサンド・デイリー紙の者です。原爆の母にぜひインタビューさせてください
原爆の母？ ちがいます！

1945 年 8 月 7 日、世界中の記者がマイトナーに電話をかけ、「ユダヤ人の原爆の母」の話を聞こうとやっきになっていました。爆発の威力はおそろしいもので、高性能 TNT 火薬 2 万トン分にあたるうえに、放射線の有害な影響もあります。マイトナーはぞっとしました。

マイトナーは原爆《げんばく》について記者に何も話しませんでしたが、インタビュー記事はでっちあげられてしまいました。「逃亡《とうぼう》したユダヤ人女性」という見出しの記事は、マイトナーが爆弾《ばくだん》の秘密をヒトラーから持《も》ち逃《に》げして、大急ぎで連合国側にわたしたと書かれていました。べつの記事は、彼女を「ハンドバッグに爆弾をしのばせた婦人」と呼《よ》び、まるでハンドバッグに爆弾のつくり方を入れて逃げたかのようでした。「原爆を生んだユダヤ人の母」とされることもしばしばでした。ニューヨーク・タイムズ紙は、つぎつぎとばかばかしい見出しを使いましたが、どれも事実ではありませんでした。たとえば、「帝国亡命者《ていこくぼうめいしゃ》、原子《げんし》の秘密をナチスに明かさなかった英雄《えいゆう》として現れる」。この「秘密」は『ネイチャー』誌に発表されていたものです。「マイトナー博士は語る、原子研究継続《けいぞく》のために帝国にとどまるようヒトラーに強要される」という見出しもありました。実際には彼女をあらゆる研究活動から追い出したというのにです。いくつかの記事で、マイトナーは物理学者でなく、「優秀《ゆうしゅう》な数学者」とされていました。けれども、この本人の言葉の引用だけは正しかったのです。「はっきりと申しあげますが、わたし自身は、決して死をもたらす兵器をつくろうと思って原子核《げんしかく》の分裂《ぶんれつ》を研究したわけではありません。戦争技術者がわたしたちの発見を利用したからといって、わたしたち科学者を責めないでください」。

ずっと内気《うちき》だったマイトナーが、とつぜんスポットライトを浴びました。だれもがマイトナーと話したい、記事を書きたい、会いたいと思いました。ほしくてたまらなかった尊敬《そんけい》を得られはじめましたが、本人が望んだ理由ではなく、ましてや本人が望んだ形でもありませんでした。

マイトナーが初めて承諾《しょうだく》した本格的なラジオ・インタビューは、エレノア・ローズヴェルトとの対談でした。四月に亡《な》くなったアメリカ大統領の未亡人《みぼうじん》に対して、ことわりづらかったのです。ローズヴェルトは、まず初めにマイトナーの科学への大きな貢献《こうけん》を評価しました。

この新しい発見がどのように始まったのか、またそこでひとりの女性がどのようにこうも重要な役割を果たしたのか、この感動的な話を読んだとき、わたしは大きな責任を感じました。この巨大《きょだい》な力を、もしひとりの女性が発見する機会をあたえられたのなら、世界中のほかの女性たちには、今その力が戦争を終結させ、人命を救うために使われ、将来は破壊的《はかいてき》な目的でなく、全人類の利益のために使われるのを見届《みとど》ける義務があります。マイトナー博士、原爆投下を初めて知り、それがこの破壊的な戦争を終結させるかもしれないとわかったときの心境をお聞かせ願えますか。

マイトナーは答えました。「そのとおり――完全に――女性には責任があり――そして、わたしたちには努力する義務があり――できるかぎり――つぎの戦争を避《さ》けるべきです。そして、原子爆弾《げんしばくだん》製造が、このひどい戦争、この地と日本での戦争を終わらせるのに役だつだけでなく、この大きなエネルギー放出を平和的な目的で利用できるよう願います」。

ローズヴェルトはさらに、マイトナーを、だれもが知るもっとも有名な女性科学者マリー・キュリーと比べ、ふたりを未来の女性のシンボルと呼びました。マイトナーはそのラジオ対談の機会を使って、もっと多くの女性が科学や和平交渉《わへいこうしょう》の分野で活躍《かつやく》できるようにと呼びかけました。そして、原子エネルギーは「平和的な働き」にのみ使われるべきだと訴《うった》えました。ローズヴェルトとの対談が終わり、そのあとはスウェーデンの司会者による、よりくだけた感じのインタビューが続けられました。司会者は、マイトナーの研究について質問し、平和な時代に核分裂《かくぶんれつ》は何に使えると思うかと、最後に問いました。マイトナーの答えは的確な予測でした。「潜水艦《せんすいかん》や航空機の駆動《くどう》、産業用電源《でんげん》に使えるでしょう」。

ラジオのインタビューのなかでは、マイトナーはおだやかで落ちついていました。友人にあてた手紙では、核分裂がもたらしたものへの衝撃《しょうげき》を明かしています。「なんということになったのでしょう！　ずっと前に思ったとおりのことが！　ありえないはずのことが現実になってしまったのです」。

第 36 章

アメリカが何をしただと??

ファーム・ホールでは、ドイツの物理学者たちが原爆投下の知らせに、がくぜんとしていました。ハイゼンベルクはデマにちがいないと主張しました。原子爆弾はとにかくつくれはしないと。

わたしに言えるのは原爆についてたいして知らないアメリカの物好きが、はったりをかけて「これを投下すれば高性能爆弾２万トン分に相当する」と言っているだけで実際はぜんぜんそうならないということだけだ。おそらくそれは高圧爆弾でウランとは関係ないものにちがいない
こんなことをしでかすなんてアメリカ人は恐ろしい。まったくどうかしている
そうともかぎらない。「最速で戦争を終わらせる方法」ともいえるだろう。それにしても実際どう実行したのか？われわれ研究してきた教授陣がどんな方法をとったのかせめて解明だけでもできなければ恥だ

ハイゼンベルクは、こんな説明で自分をなぐさめました。「つまり、ドイツにおける科学者と国家との関係を全体的に見ればこうだ。われわれは、絶対にやりたくないと思ったわけではないが、いっぽうで国家からあまり信頼されていなかったため、もしわれわれがやりたいと思ったとしても、実現は簡単ではなかったのだ」。

教授陣の失敗ではなく、帝国の失敗だというのです。

ドイツの科学者たちは、現実に原爆《げんばく》がつくられたショックからいったん立ち直ると、自分たちがそんな研究に関わらなかったのを自画自賛しました。自分たちの能力の問題ではなく、より高い倫理《りんり》観《かん》によるものだと、自らに言い聞かせました。第三帝国《ていこく》は決してこんな恐《おそ》ろしい兵器を使わなかったと。アメリカ人だけが、こんな残忍《ざんにん》で卑劣《ひれつ》なおこないができるのだと。カール・フリードリヒ・フォン・ヴァイツゼッカーはこう言いました。

> 歴史にはこう記録されるだろう。アメリカ人とイギリス人が爆弾《ばくだん》をつくり、同じときにドイツ人は、ヒトラー政権下で、実用的原子《げんし》炉《ろ》を生み出した。すなわち、ウラン原子炉の平和的開発がヒトラー政権下のドイツでおこなわれ、いっぽうアメリカ人とイギリス人はこのいまわしい戦争兵器を開発したのだ。

じつのところ、ナチスが実際に「開発」を主張できたとはいえ、「実用的」原子炉は完成していませんでした。この比較《ひかく》のなかでは、ヒトラーは明らかに善人《ぜんにん》でした。けれども、シュペーアは回顧録《かいころく》のなかで、科学者に核兵器《かくへいき》をつくる能力さえあればヒトラーは喜んで原子爆弾《げんしばくだん》を使っただろう、と書いています。ハイゼンベルク自身も同じ意見でした。

広島の三日後、長崎に二発目の爆弾が投下されました。ドイツの科学者たちは、またも悩《なや》みました。どうやってこのような複雑な装置《そうち》を二つもつくれたのかを解明しようとしました。

そして、マイトナーはまた国外からもラジオのインタビューを受けました。

このとき、ファーム・ホールのイギリス人将校《しょうこう》らがとった記録には、ハーンの反応が記されています。「原爆使用の発表により、彼は非常にショックを受けている。自分の発見が元で多くの人命がうばわれたことへの責任を感じたからだ。彼は、発見に関してマイトナー教授の名前が新聞にあげられるのはよしとしたが、彼女は実際には自分の助手のひとりであり、自分が発見をした時点ではすでにベルリンを去っていたと指摘《してき》している」。

母国が壊滅《かいめつ》状態になり政治犯となっても、ハーンがいちばん気にしたのは、自分ひとりが受けるべきだと感じていた賞賛《しょうさん》をマイトナーが受けていることでした。なんとしても自分の驚《おどろ》くべき研究を世に知らしめたかったのです。

ハイゼンベルクのウラン研究者グループ全員が、すぐれた新型爆弾開発の手柄《てがら》をすっかりうばわれたと怒《いか》り、一九四五年八月八日付の覚書《おぼえがき》に、画期的《かっきてき》な研究のどれだけ多くの部分をドイツで自分たちがおこなったかを書きあげました。マイトナーやフリッシュにはほとんどふれていません。「ハーンの発見は、発表後すぐに多くの研究室、特にアメリカの研究室で確かめられた。おそらくマイトナーやフリッシュが最初であろうが、さまざまな研究作業員が、ウランの核分裂《かくぶんれつ》により放出される膨大《ぼうだい》なエネルギーを指摘した。いっぽう、マイトナーはこの発見の半年前にベルリンを離《はな》れていて、この発見には関わらなかった」。

この覚書には、マイトナーの解釈《かいしゃく》をボーアが物理学会議で報告してからようやく「多くの研究室」で「発見」が再現されたという点が省《はぶ》かれていました。ハーンの最初の論文《ろんぶん》は失敗についての説明で、発見についてではありません。また、マイトナーとフリッシュが「研究作業員」に格下げされ、核分裂を発見したのではなく、ウラン原子が分裂して放出されるエネルギーに気づいたとしか評価されていないのも注視《ちゅうし》すべき点です。ハーンと同僚《どうりょう》たちは、さっさと歴史を書きかえて、彼らの重要な役割を確立し、マイトナーの役割を消そうとしたのです。しかし、新型爆弾開発にハーンの研究成果がいかに重要であったかを主張する覚書が書かれたときでさえ、ハイゼンベルクは「彼ら(アメリカ)がどうやりとげたのか、まだわからない」と認《みと》めていました。

マイトナーの名前が一般《いっぱん》にまで届《とど》いたのは原爆投下後の報道が初めてでしたが、彼女は物理学界ではよく知られていました。そして、マイトナーの解釈こそがハーンの実験に意味をもたせたことも、物理学者たちにはわかっていました。マイトナーと同じくユダヤ系《けい》オーストリア人で、アメリカで研究中の物理学者カール・ヘルツフェルトは、ワシントンDCのアメリカ・カトリック大学で講演《こうえん》をおこなうようマイトナーを招待《しょうたい》しました。そして、冬のあいだは客員教授として滞在《たいざい》すればいいと言ったのです。

マイトナーは、それまで何度も英語《えいご》圏《けん》へ行くのをためらったのですが、これを受けいれました。甥《おい》やアメリカにいる妹たち、アメリカで新しい職を得た多くの同僚に会えるのです。出発前に、マイトナーは新たに得た名声によって、スウェーデン王立科学アカデミー会員に選ばれました。それまで女性はふたりしか選ばれていませんでした。一七四八年のエヴァ・エーケブラー〔一七二四～一七八六　スウェーデンの貴族、農学者。ジャガイモからアルコールとでんぷんをつくる方法を発見した〕と一九一〇年のマリー・キュリーです。何度も候《こう》補《ほ》にあがったノーベル賞こそ逃《のが》したものの、新たな祖国となる地が彼女をたたえてくれたのでした。

マイトナーはついに、長年にわたる努力とその鋭《するど》い知性を評価されました。やっと核分裂発見の功績が認められたのです。原爆ができたから、という理由でさえなかったならと、マイトナーは思いました。

第 37 章

アメリカでのマイトナー

人生は楽である
必要はないの。
空っぽでなければね

アメリカで講演ツアーが組まれました。マイトナーは、カトリック大学を皮切りに、ハーバード大学、プリンストン大学、マサチューセッツ工科大学、ブラウン大学、スウィート・ブライヤー大学、ウェルズリー大学など多くの大学をまわりました。アメリカに到着した際は、アインシュタイン、フェルミ、フランク、シラード、フリッシュに歓迎されました。
マイトナーは記者の取材はことわりましたが、話を聞こうと多くの人が集まってきました。科学や学問の世界にもっと女性が必要なこと、真実の探求が重要なことなどを語りました。かつて教育の機会を求めてけんめいに闘った内気な女性は、いくつもの名門大学から名誉学位を授与されました。

1946 年 2 月、全米女性記者クラブはマイトナーに敬意を表してパーティーをもよおしました。席はハリー・トルーマン大統領のとなりです。

ほう、わたしたちを
この混乱に巻きこんだ
ご婦人はあなた！
はあ…
あの…

マイトナーは一度も原爆製造を支持していません。この場でできるのは、核兵器がもう二度と使われないように訴える努力だけでした。

マイトナーをたたえて開かれたカトリック大学関係者のカクテルパーティーでは、マンハッタン計画の責任者、陸軍少将《しょうしょう》レズリー・グローヴスに会いました。何を話したらよいのか見当もつきません。グローヴスは、自分の驚《おどろ》くべき業績を誇《ほこ》りに思っていました。これほど複雑な問題に大人数がとりくんだ開発・製造計画の膨大《ぼうだい》なしくみ、その組織をまとめる手腕《しゅわん》。マイトナーはふたりの短い会話を日記に書きとめました。

グローヴスは、シカゴで最初の原子炉《げんしろ》を見たとき、三〇分ですべてを理解し、六つか七つの良い提案をすることができたと、わたしに言った……。ボーアはまったく役に立たなかったと。

わたし　それでも、彼は存命《ぞんめい》しているもっとも偉大《いだい》な物理学者です。

グローヴス　理《り》論物理《ろんぶつり》学者《がくしゃ》はみんな、自分が一番だと思っている。

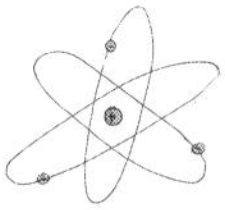

グローヴスは、自分の業績に誇りをもっていました。それは組織力によるみごとな功績でした。でも、ボーアはまちがいなく重要な役割を果たしていたのです。マイトナーは、これほど破壊的《はかいてき》な装置《そうち》を生み出すためにこんなに多くの労力が費《つい》やされたのを残念に思いました。その話をもちだしたとき、「彼［グローヴス］は爆弾《ばくだん》研究について話すときは、わたしに質問させないようにしていた」と書いています。

大学だけがマイトナーに来てほしがったのではありません。ハリウッドも彼女を題材にした映画をつくりたがりました。映画会社ＭＧＭは、ドイツ脱出《だっしゅつ》のドラマチックな物語が気にいりました。映画の題名は『始めか終りか』。タブロイド紙の見出しから引用された「ハンドバッグに爆弾をしのばせて脱出する」という筋書《すじが》きにうんざりしたマイトナーは、「裸《はだか》でブロードウェイを歩くほうがまし」と言いました。そして、この企画《きかく》にはいっさい関わらないと、ことわりました。そこでプロデューサーたちが彼女の甥《おい》フリッシュに依頼《いらい》すると、彼は喜んで科学顧問《こもん》の役を買ってでました。彼は映画に正確さを期待しませんでしたが（実際そのとおり）、映画はおもしろく、よい収入《しゅうにゅう》になったのです。ただひとつ、登場する科学者が全員アメリカ人だったのにフリッシュは不満でした。現実には、マンハッタン計画に参加していた科学者はドイツ人、オーストリア人、ハンガリー人、イタリア人、ポーランド人、ロシア人、デンマーク人、そして大半がユダヤ人で、アメリカ人はほとんどいなかったのです。リーダーであった物理学者ロバート・オッペンハイマーは、関わっていた数少ないアメリカ人のひとりでした。アーネスト・ローレンスもです。それは、巨大《きょだい》な移民によるプロジェクトでもありました。

一学期間、教壇《きょうだん》に立ち、多くの講義《こうぎ》をおこない、たくさんの栄誉《えいよ》を得て、マイトナーはストックホルムにもどりました。戦争はもう終わったのです。ベルリンに帰ることもできます。でも、そこで何が待っているのでしょう？　そして、自分の発見が引きおこしたことの重大さをかかえながら、物理学にどうとりくめるというのでしょうか？

第 38 章

核分裂のノーベル賞受賞者は……

1945 年 11 月、ノーベル委員会の決定にもとづき 1 年遅れで、1944 年度ノーベル化学賞が発表されました。受賞したのはハーンで、核分裂の発見に対してでした。マイトナーも候補にあがったのですが、ハーンだけが認められたのです。ハーンはこの知らせを受けたときに、まだファーム・ホールにいました。大喜びし、それから、はげしく怒りました。

わたしはノーベル賞受賞者だ！
なんでここに閉じこめる？
まったく、
とんでもない!!

ファーム・ホールの責任者だったイギリス将校 T・H・リトナーは、そのときのようすをこう説明しています。「ハーンは午後になってわたしに会いにきたが、おさえようのない怒りでどう見てもとりみだしていた。部屋に入ったときから、顔を真っ赤にして体をふるわせていた。そして……ここの客は戦犯よりもひどいあつかいを受けている。まともに家族と連絡もとれず、告訴されてもいないのにいまだに出られない、と話した。わたしは、家族に手紙を書いてもかまわないが、届くという期待はしないほうがいい、と言おうとした。しかし、ハーンはわたしの返事を待つ気配すらみせず、いきなり部屋を出ていってしまった」。

ハーンがひどいと感じた状況《じょうきょう》について、仲間の科学者カール・ヴィルツは、ファーム・ホールでの六か月を終えるにあたってこう語りました。「ドイツに帰って、何もかもじつにすばらしかったと人に言うのは、非常にまずいだろう」。

「そのとおり」と、ハイゼンベルクも同意しました。「何としてもそれは避《さ》けるべきだ。しかし、そのいっぽうで、わたしたちにじつによくしてくれたイギリス人には礼をつくさなくてはならない」。

ノーベル賞受賞のためにストックホルムに行けると聞くと、ハーンは落ちつきました。まだ、ひどい待遇《たいぐう》だと感じてはいましたが、この受賞に大きくなぐさめられました。ノーベル賞受賞は科学界で高い地位にいる証拠《しょうこ》なのです。

けれども、ノーベル委員会の決定は物理学界の見解ではありませんでした。核物理学《かくぶつりがく》を研究する者はみな真実を知っていて、ハーンとともに研究したフリッツ・シュトラスマンや、実験を解釈《かいしゃく》して意味をあたえたマイトナーやフリッシュらをあからさまに無視《むし》した委員会の決定に驚《おどろ》きました。この物理学者たちがいなかったら核分裂《かくぶんれつ》は発見されず、それはハーンが失敗として発表した奇妙《きみょう》な実験でしかなかったのです。広島と長崎に原爆《げんばく》が投下されてからは、マイトナーが核分裂の発見に果たした役割を、全世界が知っていたのです。リーゼ・マイトナーの最大の功績はオットー・ハーンのノーベル賞受賞だ、と冗談《じょうだん》を言う科学者もいました。しかし、この委員会の失態《しったい》はすぐにうやむやになりました。だれもマイトナーのために声をあげず、まるでドイツでユダヤ人が職を追われたときと同じでした。マイトナーは、いやというほど何度も同じ思いをしてきたのです。

ハーンは、マイトナーを「恨《うら》みがましい失望した女性」だと、いつものように批判《ひはん》しました。ユダヤ人のあつかいについて嘆《なげ》けば、「恨みがましい」。共同研究者でなく、助手だとみなされて不満をもてば、「恨みがましい」。そして、ハーンにカイザー・ヴィルヘルム化学研究所から追い出されたと非難《ひなん》するのも、「恨みがましい」というのです。

一九四六年一二月、*ノーベル賞の授賞式で、ハーンはシュトラスマンの貢献《こうけん》をいくらか認《みと》め、マイトナーやフリッシュについてもふれました。けれども、授賞式後の講演《こうえん》では、自分だけの発見として発表しました。

マイトナーは、受賞者がハーンだけでも、ハーンはきちんと話を整理して彼女の重要な役割を世に伝えてくれると期待していました。ハーンが自身の研究がいかにすばらしいかを語るにつれ、すわって待っているマイトナーの顔はこわばりました。ハーンにはわけがわからなかった実験結果をマイトナーが解釈して大変革《だいへんかく》をもたらしたことは、一言も語られませんでした。ノーベル賞授賞イベントの写真に写っているマイトナーとハーンの姿は、気まずそうで、長年の友人で共同研究者にはまったく見えません。マイトナーは言いたいことが言えず、ハーンもたずねる気がありませんでした。今は自分にスポットが当たるべきときで、それを台なしにされたくないと、ハーンは思ったのです。ナチスの犯罪や、マイトナーとの昔の関係を指摘《してき》されたくありませんでした。マイトナーも自分のために喜ぶべきだ、と彼は思いました。

マイトナーはある手紙に、ハーンは「過去を忘《わす》れて、かわりにドイツに対しておこなわれている不正を強調しています。わたしのことはかくすべき過去の一部なので、これまでの業績について語るインタビューのなかで、ハーンはわたしたちの長い協力関係はおろか、わたしの名前さえ口に出さなかったのです」と書きました。

ハーンは同じ夜のことをこう語っています。「リーゼ・マイトナーとは、かなり不愉快《ふゆかい》な会話をした。あのとき、彼女をドイツから追い出すべきではなかったと言うのだ。こうも意見が合わないのは、おそらくわたしひとりが(ノーベル)賞を受賞したことへの失望が原因だろう。リーゼ・マイトナーとそんな話はしなかったが、彼女の友人の多くが、いくらかいやみっぽく、そのようにほのめかしていた。しかし、ほんとうにわたしは悪くなかった。ただ尊敬《そんけい》する同僚《どうりょう》の幸せを考えて、移住を準備しただけだったのだ。そしてとにかく、この賞は、わたしが単独で、あるいは同僚のフリッツ・シュトラスマンといっしょにおこなった仕事に対して授与《じゅよ》されたものなのだ」。

ハーンの記憶《きおく》は都合よく、自分が彼女の脱出《だっしゅつ》を手伝わず、手を貸したのはコスターとデバイだったことを消しさっていました。また、ベルリン最後の夜に彼女をもてなして母の指輪をわたした以外には、何の協力もしなかったことも。しかしマイトナーの尽力《じんりょく》がなければ、核分裂が起きているとは絶対にわからなかったのは、はっきりと認識《にんしき》していました。だからこそ、賞金からかなりの金額をマイトナーにわたしたのです。名声を分かちあう気はなくても、良心がとがめて、せめてお金をわけようとしたのでしょう。

マイトナーは、この見えすいた態度にうんざりして、このお金の全額をプリンストンの原子力《げんしりょく》科学者による非常委員会に寄付《きふ》し、ユダヤ人亡命《ぼうめい》科学者の定住《ていじゅう》を支援《しえん》しました。ハーンはマイトナーが亡命者であるのを忘れていたかもしれませんが、マイトナー本人は忘れませんでした。

＊　オットー・ハーンは一九四四年のノーベル化学賞を受賞したが、賞の授与はファーム・ホールから解放《かいほう》されたあとの一九四六年になった。

第 39 章

戦後、核の平和のために

カイザー・ヴィルヘルム協会はマックス・プランク協会と改名されました。ハーンとシュトラスマンは、「非ナチ化」*政策に協力して、ともに働きたい科学者の潔白を証明しましたが、そのなかには熱烈な元ナチスの党員もふくまれていました。

マイトナーはがくぜんとしました。彼女はかつての同僚に、ナチスドイツがおこなった悪事を認識し、彼らの沈黙が一種の共犯行為であったこと、ユダヤ人が追い出され、さらには殺されるのをそのままにしていたことを、認めてほしかったのです。

ハーンは、自分自身を真の被害者とみなしていて、道義的責任をまったく認めません。

マイトナーは、ノーベル賞を逃したこと以上に傷つきました。友人への手紙に彼女の不安や絶望が書かれています。

彼[ハーン]は
ナチスがおこなった
犯罪をかくしています。
彼[ハーン]が
インタビューで
わたしについて
一言も語らず
30年間の
共同研究についても
ふれなかったのが
とてもつらいです。
彼の動機はやや複雑です。
ドイツ人が不当にあつかわれている
と確信するがゆえに、ますます過去を
かくそうとしています。わたしがその
かくすべき過去の一部なのです。
たとえば、彼はわたしへの手紙の
なかで、ドイツにいるアメリカ人は
かつてドイツ人が占領地でおこなった
のと同じことをしている、と書いていま
した。まさか本気ではないでしょうと
わたしは答えました……。ドイツ人が
何百万人もの罪のない人々を殺したという
事実を無視してはいけないのです。彼はこれに
答えず、スウェーデンに来たときは、政治の話を
しないでくれと言いました……

ハーンは、ドイツの科学者はアメリカより先に原子《げんし》爆弾《ばくだん》を開発したが、人類に対してそのような悪をおこなうことを選ばなかったと、いかに自分たちが倫理《りんり》的《てき》に正しいかを主張しました。ナチスの大量虐殺《ぎゃくさつ》は罪でなく、アメリカこそ広島と長崎の原爆《げんばく》投下により有罪だというのです。ハイゼンベルクたちが核兵器《かくへいき》製造は無理だと思っていた事実を、ハーンは無視《むし》しました。

マイトナーはつぎのように書いています。「ハーン自身は決して爆弾の研究をしたがりませんでしたが、あるインタビューでの発言によると、彼は、「ドイツ人が原爆に対する責任、原爆によって広島で無数の人々が無意味な死をむかえた責任を負わないですむのを喜んでいた」のです。……ほんとうなら、ドイツはもっとひどいことをほかにたくさんしているけれど、そのうえこの責任を負わないですんでよかった、と言うべきだったのです。でも、そうは言えなかったのです」。ハーンは、自分と、そしてドイツという国がおこなった、第一次世界大戦中の毒ガス研究を都合よく忘《わす》れていました。マイトナーから見れば、すべてはわざと目をそむけていることがらの一部でした。

一九四七年、シュトラスマンはマイトナーに、名称《めいしょう》がマックス・プランク研究所にかわったマイトナーの古巣《ふるす》の物理学部門の部門長への就任《しゅうにん》を提案しました。ハーンも同意しています。かつてマイトナーがつとめていた仕事でした。ハーンもシュトラスマンも、この人事が研究所にとって最高の人選だと思いました。しかし、マイトナーはことわりました。ユダヤ人かつオーストリア人である自分には居心地が悪いはずだからと。「ドイツ人はまだ何が起きたかを理解しておらず、自身が体験しなかった恐怖《きょうふ》は何もかも忘れています。そのような雰囲気《ふんいき》のなかでは、わたしは暮《く》らしていけません」とも語っています。ハーンは友情を差し出したつもりでしたが、マイトナーはそれはもう失われたと嘆《なげ》いていました。「どうみても、ハーンは自分が友達がいのない人間だとはまったく思っていません。わたしにくれた手紙では……わたしからの〝すばらしい友情〟に、まったく無邪気《むじゃき》に感謝して……。おそらく、わたしたちの世代はもうものごとをすっきりと見通せる歳《とし》ではなくなり、世にはびこっている精神の病《やまい》と闘《たたか》うほどの力はないのでしょう。これは百年以上前からつづく病気で、それがナチズムのなかにおぞましい形ではっきり表れたにすぎないのですから」。

ハーンには責任と深い後悔《こうかい》を表明してほしい、ドイツの科学界がそれを表明してくれれば、とマイトナーは思っていましたが、それは現実のものとはなりませんでした。ハーンは、「恐怖政治にはだれも抵抗《ていこう》できません……。そんな時代の国民全体の行動を非難《ひなん》しつづけることなどできはしません。……あの戦争と、世の中に広がった、言葉にできないほどの不幸の原因がヒトラーにあるのはもちろんですが、ドイツ国民に対しても世界が理解してくれなくてはいけません」とマイトナーにあてて書いています。

ラウエは、かつてナチスに立ちむかったこともある科学者でしたが、今やさらに踏《ふ》みこんで、ほとんどのドイツ人科学者は帝国《ていこく》のために働いてなどいないと抗議《こうぎ》する記事を書きました。マイトナーは、この記事についてハーンに文句を言いました。

科学者の大多数が最初からヒトラーに反対していたと、ほんとうに言ってよいのでしょうか？……プランクがハーバーの追悼式《ついとうしき》をおこなったとき、参列したのはラウエと「ヴォルフガング・」ホイブナーだけでした。あのとき、化学会とガラス工学協会は……会員たちの出席を禁じました……。これは、ヒトラーの思想に従《したが》う動きが大きく広まり、反対する人が……少数派《しょうすうは》であったと示しているのではないでしょうか？　わたしはほんとうに、こんなふうに不愉快《ふゆかい》な意見ばかり言うつもりはないのですが、ドイツへの愛着はわからないでもないとはいえ、そこで起きたすべてのことを擁護《ようご》しようとするラウエの姿勢《しせい》が、ドイツを助けるどころか、その逆になるのではと恐《おそ》れています……

また、マイトナーはラウエへあてた手紙のなかで、シュトラスマンから提案された職を辞退《じたい》するのは、「わたしがオーストリア人であり、またユダヤ人の血をひくから」と書いています。のちにマイトナーは、「ラウエからの手紙には、オーストリア人でもまったくかまわないのに、残念だとありました」と語っています。

マイトナーは、かつての友人たちのこのような調子に深く心を痛《いた》めました。消極的《しょうきょくてき》にでも加担《かたん》していたことを決して認《みと》めようとせず、ドイツ文化に植《う》えつけられたままの不快きわまる反ユダヤ主義もまったく認識《にんしき》していないのです。この溝《みぞ》は、決して埋《う》まることがないでしょう。マイトナーは二度とドイツに帰って暮らそうとはしませんでした。ハーンにこう書き送っています。「戦時中ドイツに残った人たちは、『彼女はここで自分の居場所を得ようという努力をしなかった』と言うでしょう」。マイトナーはストックホルムにとどまり、これからどこに行き、何をすべきかを考えました。

ハーンがドイツ科学の再建と自分のキャリアの回復に力を注《そそ》いだのに対し、マイトナーは科学の倫理的責任に目をむけました。科学者には道義的《どうぎてき》な枠組《わくぐ》みがなければ、進歩の名のもとにフランケンシュタインのような怪物《かいぶつ》をつくりだす危険性《きけんせい》があると説いたのです。マイトナーは原爆の研究に火をつけたかもしれませんが、物理学は、自身が愛してやまない純粋《じゅんすい》な真理《しんり》の探究《たんきゅう》にもどるべきだと信じて疑《うたが》いませんでした。

＊　非ナチ化——第二次世界大戦後、連合国側の意向でドイツからナチズムを排除《はいじょ》するためにとられた措置《そち》の総称《そうしょう》。著名人《ちょめいじん》の弁護によって身の潔白《けっぱく》を証明した者も多く、ゆるいやり方はドイツ国民の不満も招いた。

第 40 章

マイトナー本人への賞

1949 年、マイトナーはマックス・プランク・メダルをハーンと共同受賞しました。長年の共同研究者であったふたりが、ようやく対等な立場で認められたのです。1938 年の脱出以来、やっとこのころからマイトナーはドイツをよく訪れるようになりました。英雄が帰ってきたかのようにむかえられ、夕食会で祝われ、街を案内されました。

ドイツはいろいろな意味で、まったくちがう場所になっていました。けれども、マイトナーは、かわっていなかったものに失望しました。みにくい反ユダヤ主義は以前のままでした。「非ナチ化」といいながら、熱狂的なナチスの支持者が守られて権力をもったままでは、何の意味もありません。

やっとドイツに認められてうれしいはずだったのに、落ちこみました。ハーンにノーベル賞や戦争についての議論をこばまれて、心が冷える思いでした。マイトナーははっきりとドイツになじめないと感じましたし、なじみたくもありませんでした。

マイトナーが、差しとめられていた年金を研究所から受けとることはありませんでした。彼女の受けたであろう損害はまったく考慮されませんでした。新生ドイツ、その国の科学者たちは、未来のみを見たいと思い、過去に引きずられたくなかったのです。

「核物理《かくぶつり》学《がく》の偉大《いだい》な女性」として、マイトナーはストックホルムに自分の研究所をもち、のちに国際原子力機関《こくさいげんしりょくきかん》（ＩＡＥＡ）の事務局長となるシグヴァード・エクルンド博士とともに研究にたずさわりました。原子《げんし》エネルギーは役に立ち、平和的なもので、人類への呪《のろ》いではなく贈《おく》りものなのだと証明しようとマイトナーは心を決めていました。エクルンドとともに、スウェーデンで最初の実験炉《じっけんろ》を建設し、発電用原子炉《げんしろ》をつくるための一歩を踏《ふ》み出《だ》しました。完成には一〇年以上の歳月《さいげつ》を要しましたが、スウェーデンの同僚《どうりょう》たちからの尊敬《そんけい》も勝ちとりました。けれども、いつものように、なかなか、そこにとけこめません。どこに行ってもたったひとりの女性で、自分がどこにも属《ぞく》せていないという気持ちが決してなくなりませんでした。

それでも、科学はマイトナーの人生であり、マイトナーは一九五四年まで研究を続け、七五歳《さい》で引退《いんたい》しました。その前年、マイトナーはハーンに、ドイツに根強く残る歴史修正主義《れきししゅうせいしゅぎ》について手紙を書きました。ハーンの気持ちはまだかえられると思っており、年をとった今だからこそ、もっときちんと分別《ふんべつ》がつくのではと期待しました。そして自分の業績がいかにあとかたもなく消しさられているかを説明しました。ドイツの文献《ぶんけん》には、「ハーンの長年の同僚」としか書かれていません。マイトナーはこう問いました。「もしも、あなたがわたしのただの「長年の同僚」と呼《よ》ばれたら、何とおっしゃるのですか？　わたしが、よき友には味わわせたくないような一五年間を過ごしたあと、さらにわたしの科学者としての過去もうばわれるのでしょうか？　それは公平でしょうか？　そして、なぜそんなことが起きるのでしょうか？」。

ハーンは何も答えませんでした。

マイトナーは本と論文《ろんぶん》をあわせて百数十点発表しました。二〇世紀を特徴《とくちょう》づけるあの発見をはじめ、いくつもの大発見をしてきたのです。ノーベル物理学賞や化学賞の候補《こうほ》にはあわせて四八回推薦《すいせん》されました。物理学賞に二九回、化学賞に一九回。しかし、ハーンは、マイトナーのものでもあるはずの賞で、マイトナーが果たした役割を決して認《みと》めませんでした。ハーンや核分裂《かくぶんれつ》に関する文献でも、マイトナーについては、本人がとにかくいやがっている「長年の同僚」という言葉以外は、ほとんど記されていません。マイトナーが熱心に望んだ和解は実現しませんでした。

そんななか、一九五五年、マイトナーはドイツ化学会が新たに創設《そうせつ》した「オットー・ハーン化学・物理学賞」を受賞しました。授賞式でハーンはウインクしてメダルをわたし、こう言いました。「さあ、親愛なるリーゼ、わたしの名はこの賞につけられたかもしれないが、きみはお金を受けとる。ぼくにビールをおごれるね!」。受賞写真のなかのマイトナーのぎこちない笑《え》みが、この申し出をどう思ったかをはっきりと表しています。

引退してからも、マイトナーは物理学に関わりつづけました。そして、科学分野での女性の地位や原子力の軍事利用など、科学にまつわる政治的な問題に目をむけたのです。八〇代まで、国連の国際原子力機関で核兵器《かくへいき》の管理にたずさわり、世界をより安全な場所にしたいと願いました。

マイトナーは一九六八年、九〇歳の誕生日《たんじょうび》を目前にその生涯《しょうがい》を終えました。そしてマイトナーは知りませんでしたが、ハーンもその数か月前に世を去っており、ふたりの人生がずっとそうであったように、よりあわさって幕《まく》をとじたのでした。

マイトナーの墓石《ぼせき》には、「人間性を失わなかった物理学者」と刻《きざ》まれています。

ミュンヘンのドイツ博物館に展示されている核分裂実験装置。1938 年に核分裂が発見された実験で使われた器具が集められたもの。1990 年ごろまで「オットー・ハーンとフリッツ・シュトラスマンのチーム」によるものとされて、リーゼ・マイトナーについては記されていませんでした。

そののち

亡《な》くなってから一〇年、二〇年たっても、あれほど有名だった女性は物理学の歴史から消えたままでした。核分裂《かくぶんれつ》を発見した功績は、すべてオットー・ハーンひとりのものとされたのです。ハーンについての文献《ぶんけん》は、彼の実験に対するマイトナーの革命《かくめい》的《てき》な解釈《かいしゃく》を無視《むし》していたのです。ミュンヘンのドイツ博物館には、カイザー・ヴィルヘルム化学研究所にあった作業台が、核分裂発見の実験に使われた器具とともに一九五二年に

寄付《きふ》されて、その後すぐに展示《てんじ》されました。けれども、その説明板には、ハーンがノーベル賞受賞の発見に使用したものであると記されていて、マイトナーについては長年まったく書かれていませんでした。展示に添《そ》えられた録音テープも、ハーンの声で、同様でした。

一九八九年、この作業台をふくむ原子力《げんしりょく》の歴史を紹介《しょうかい》する特別展がミュンヘンで開催《かいさい》されました。革命的な発見から五〇年後、ドイツ博物館はその展示でやっとマイトナーについて言及《げんきゅう》したのですが、ハーンの「助手」であると記しました。これは多くの歴史家から抗議《こうぎ》をうけ、翌《よく》

1933年にコペンハーゲンのニールス・ボーア研究所で開催された物理学会の出席者たち(マイトナーは最前列右端)。

年《ねん》ついに博物館はマイトナーをハーンの「同僚《どうりょう》」であると修正したのでした。ウィーンのラジウム研究所（現シュテファン・マイヤー素《そ》粒子物理《りゅうしぶつり》学《がく》研究所）の、名誉《めいよ》ある科学者を記したプレートには、いまだにマイトナーの名前がありません。アンリ・ベクレル、ノーマン・Ｆ・ラムゼイ、キュリーなどの名前はあるのに、ウィーン出身者の名前がないのです〔現在この研究所の階段にはマイトナーの写真が掲げられています〕。

一九九二年、ドイツのダルムシュタットにある重イオン研究所の科学者が、この科学史のまちがいを正そうと、動きだしました。そして、発見されているなかではもっとも重い元素《げんそ》のひとつ、原子番号１０９の元素をマイトナーにちなんだ名前にしようと提案しました。一九九七年、元素を命名する機関である国際純正《じゅんせい》・応用化学連合（ＩＵＰＡＣ）は、原子番号１０９の元素をマイトネリウム、元素記号Mtとして承認《しょうにん》しました。マイトネリウムは、ラザホージウム、シーボーギウム、ボーリウム、レントゲニウム、コペルニシウム、メンデレビウム、ノーベリウム、ローレンシウム、フェルミウム、アインスタイニウム、キュリウムといった有名科学者の名前をつけられた元素とともに周期表に並んでいます。五〇回近くノーベル賞候補《こうほ》になったマイトナーは、ついに最重要物理学者としてその名をあげられるようになりました。ずっと以前からそうだったのですが。物理学という美しい科学と、その真実のなかに今も存在《そんざい》していると、本人が聞いたらきっと喜ぶでしょう。

リーゼ・マイトナー、21 歳。ウィーンにて(1899 年)

あとがき

　リーゼ・マイトナーについて教えてくれたのは息子でした。物理学を専攻《せんこう》していて大学の講《こう》義《ぎ》で学んだのです。性別が理由で歴史のなかで埋《う》もれてしまった、もっと知られるべき女性にわたしが興味をもっているのを、息子は知っていました。けれども、このテーマはむずかしいよ、と釘《くぎ》をさされました。マイトナーの発見は二〇世紀においてきわめて重要でしたが、恐《おそ》ろしい破壊《はかい》と同一視《どういつし》されるようになっていました。自分の研究成果にもとづく爆弾《ばくだん》開発への参加を拒否《きょひ》したとはいえ、その功績を語るのは倫理的《りんりてき》にとてもややこしい話なのです。わたしは、友人の物理学者で、ソビエト連邦《れんぽう》との核軍縮交渉《かくぐんしゅくこうしょう》に生涯《しょうがい》をかけたウォーレン・ヘックロットに相談しました。マイトナーなら倫理面を細かく調べられてもだいじょうぶだろうとヘックロットは思っていました。マイトナーは、自分の研究成果を戦争の武器にするつもりはまったくなく、核の平和のために自ら行動しました。そして、ヘックロットはわたしが長期にわたる調査で読むことになるたくさんの書籍《しょせき》の最初の一冊《さつ》を、わたしてくれたのです。

　読みすすめるうちに、マイトナーが思いもよらないほどむずかしい人物であると気づきまし

最初の作業台の前にすわっているマイトナーとハーン。ベルリン大学(1910年)

た。彼女はかたくなにベルリンを離《はな》れるのをこばみました。ユダヤ人の友人や同《どう》僚《りょう》がみな国を脱出《だっしゅつ》してからも長くベルリンにとどまったことは、現代のわたしたちの目には愚《おろ》かな行為《こうい》にうつります。もちろん、わたしたちは、ドイツのユダヤ人に起きたことや、ホロコーストの残酷《ざんこく》さ、ヒトラーが世界からユダヤ人を排除《はいじょ》するためにおこなった「最終的解決」を知っています。でも、文明国ドイツがこのような人種的《じんしゅてき》大量殺人をおこなうなどとは、マイトナーには想像もつかなかったのでしょう。この麻痺《まひ》状態になっているあたりを読み、それについて執筆《しっぴつ》するにあたって、助けになったのは、家族間でとりかわされた一連の手紙でした。アメリカに移り住んだわたしの義《ぎ》父《ふ》にあてて、ガリツィア地方の町チョドロフ（現ウクライナ・ホドリフ）にいる家族から送られてきたものです。その手紙は一九三五年から一九四〇年にかけて書かれ、ユダヤ人にとっていろいろと厳《きび》しくなってきた日常の状況《じょうきょう》の説明に始まって、国を出るために必要な書類やお金の調達に手を貸してほしいという切実な願いで終わっています。多くのユダヤ人がそうであったように、状況がどれほど悲《ひ》惨《さん》か、気づいたときには手《て》遅《おく》れでした。最後の手紙にはこれからどうなるとは何も書かれていませんが、当時彼らはポーランドのルヴフ（現ウクライナ・リヴィウ）にいて、ア

カイザー・ヴィルヘルム化学研究所の研究室で放射能の研究にとりくむマイトナーとハーン。ベルリン・ダーレム(1913年)

メリカ領事館の助けを望んでいました。けれども、その街に住むほかのユダヤ人たちとともに、虐殺《ぎゃくさつ》されてしまったのです。

この手紙を読み、マイトナーには何が見えていなかったのか、ようやくわかりました。確かに、もちろんもっと早く脱出するべきでしたが、わたしの義理の家族のような何百万人もの人々と同じく、死の収容所《しゅうようじょ》など想像もできなかったのです。その手紙は、マイトナーの明らかな疎《うと》さを理解するために、べつの角度から光をあててくれました。彼女は人間性を、人々を信じていたのです。それは強みにはなっても、弱みではありません。あれはまちがいだったと時が証明しても、それはマイトナーの汚点《おてん》ではありません。無関心でいるなという、わたしたちみんなにむけた警告《けいこく》なのです。

本人もそうであったように、わたしはマイトナーの研究だけを集中して調べ、語るべき物語を見つけました。優秀《ゆうしゅう》な女性が、まず性別で、つぎに民族性《みんぞくせい》で、そして最終的には再び性別で疎外《そがい》されたのです。そして、ノーベル賞をおくられたのは、核分裂《かくぶんれつ》の概念《がいねん》がまったくなかった男性で、何が起きているのかきちんと説明した女性ではありませんでした。本書によって、その記録を正し、歴史のなかで、わたしたちの記憶《きおく》のなかで、マイトナーがふさわしい位置を占《し》めるようになればと願っています。

アメリカの女子大学、ブリンマー大学にて、若き科学者である学生スー・ジョーンズ・スウィッシャー、ロザリー・ホイト教授、学生ダナ・ピアソン・マクドナーに語るマイトナー(1959年)

マイトナーの生涯と業績

年	出来事
一八七八	11月7日　オーストリアのウィーンでフィリップ・マイトナーとヘートヴィヒ・マイトナーの第三子として生まれる〔出生日については11月17日説もある〕。
一八九二	ウィーンの女子高等小学校を卒業。
一八九七	オーストリアの大学で、女性が文学や科学を学ぶことが許される。
一八九九	マイトナーは、高等学校卒業試験であるマトゥーラの勉強を始める。
一九〇一	ウィーン大学の物理学部に入学。
一九〇六	博士論文《ろんぶん》を完成させ、ウィーン大学で女性としてふたりめの物理学博士号を取得。

一九〇七

「アルファ線の分散《ぶんさん》について」を、物理学の学術雑誌《ざっし》『フィジカリッシュ・ツァイトシュリフト』に発表。◆ベルリンに移る。◆ベルリン大学の化学研究所でオットー・ハーンとともに放射性物質《ほうしゃせいぶっしつ》のベータ崩壊《ほうかい》についての研究を始める。◆ハーンと共同執筆《しっぴつ》の「放射性元素《げんそ》のベータ線の吸収《きゅうしゅう》について」を『フィジカリッシュ・ツァイトシュリフト』誌に発表。

一九〇八

ハーンとともに、短寿命《たんじゅみょう》の放射性元素「アクチニウムC」を発見。◆ベルリンが属《ぞく》するプロイセン州で法律が改正され、女性が大学の学位を取得できるようになる。◆「反跳法《はんちょうほう》」を開発。放出される粒子《りゅうし》を研究するために元素を物理的に分離《ぶんり》する方法として広く使われる。

一九一二

カイザー・ヴィルヘルム化学研究所が創設《そうせつ》される。◆マックス・プランクがマイトナーをベルリン大学の有給助手《ゆうきゅう》に採用。

一九一三

マイトナーとハーンの研究室がカイザー・ヴィルヘルム化学研究所に移転。◆年末、マイトナーは無給《むきゅう》の「客員」物理学者から常勤《じょうきん》で有給の研究員に昇格《しょうかく》する。

一九一四

6月28日　オーストリア＝ハンガリー帝国《ていこく》の皇位継承者《こういけいしょうしゃ》フランツ・フェルディナンド大公《たいこう》がサラエボで暗殺され、それをきっかけにオーストリアがセルビアに侵《しん》攻《こう》。オーストリアの同盟国《どうめいこく》ドイツは、すぐセルビアの同盟国ロシアに宣戦《せんせん》布告し、ロシアの同盟国フランス、イギリスも参戦。大戦(のちに第一次世界大戦として知られる)が始まる。

一九一五 ● オーストリア軍にX線看護師《かんごし》・技師として志願し、ロシア戦線近くで従軍《じゅうぐん》。

一九一六 ● 軍務から復帰。

一九一七 ● カイザー・ヴィルヘルム化学研究所に物理学部門を創設するよう部門長に指名される。

一九一八 ● ハーンとともに、プロトアクチニウムの発見について論文を発表。◆アルベルト・アインシュタインとともにガンマ線の共同研究をおこなおうと話しあったが、同じテーマですでにほかの研究者が執筆していることを知り、この計画を断念する。◆第一次世界大戦中、ハーンとともに論文八本を発表。◆カイザー・ヴィルヘルム化学研究所の物理学部門を創設。◆11月11日　休戦協定が締結《ていけつ》され、第一次世界大戦が終わる。

一九二〇 ● カイザー・ヴィルヘルム研究所内で物理学部門と化学部門が独立したことにともない、このころからマイトナーとハーンは独自の研究をおこなう。

一九二一

コペンハーゲンにあるニールス・ボーアの理論物理《りろんぶつり》学《がく》研究所を訪問《ほうもん》し、長年にわたる友情が始まる。◆7月29日　アドルフ・ヒトラーが国民社会主義ドイツ労働《ろうどう》者党《しゃとう》（通称《つうしょう》ナチス）の党首《とうしゅ》に選出される。

一九二二

原子《げんし》核《かく》モデル、ガンマ線、ベータ線について論文六本を発表。◆ドイツでは女性としてごく初期であった正式な大学教員に任命され、給与《きゅうよ》も福利厚生も完全に支《し》給《きゅう》される。

一九二三

のちに「オージェ効果」と呼《よ》ばれる現象《げんしょう》について二本の論文を発表（一本は一九二二年、もう一本は一九二三年に発表）。◆ナチスの諸団体《しょだんたい》が、ドイツとオーストリアでより広く組織化しはじめる。ミュンヘンでは、ヒトラーが政府に対するクーデターを起こし、失敗（「ミュンヘン一揆《いっき》」）。◆第一次世界大戦後に、フランスとイギリスに支払《しはら》った多額の賠償金《ばいしょうきん》によるインフレで、ドイツマルクの価値は急激《きゅうげき》に暴落し、ほとんど価値がなくなる。

一九二四

ハーンとともにノーベル化学賞候補《こうほ》に推薦《すいせん》される。◆プロイセン科学アカデミーによるライプニッツ賞の候補となり、銀メダルを受賞。この賞が初めて女性に授《じゅ》与《よ》された。◆『化学研究所年鑑《ねんかん》』を共著《きょうちょ》。◆霧箱《きりばこ》を使った実験について発表したベルリンで最初の科学者となる。この霧箱は自作の装置《そうち》であった。◉ヒトラーが政府転覆《てんぷく》をたくらんだ罪で、五年の禁固刑《きんこけい》を宣告《せんこく》される。獄中《ごくちゅう》で、ドイツの社会構《こう》造《ぞう》が腐敗《ふはい》したのはユダヤ人のせいだという政治的声明『わが闘争《とうそう》』を執筆。八か月後に釈放《しゃくほう》されると、各地で演説を始め、ナチス党を強化する。

一九二五　ベータ線とガンマ線の研究に対しウィーン科学アカデミーからイグナーツ・リーベン賞を受賞。◆ここまでの三年間に原子《げんし》構造《こうぞう》とベータ線、ガンマ線に関して一六本の論文を発表。◆ハーンとともにノーベル化学賞の候補に推薦される。◉ナチスが「ユダヤ人の物理学」を「ユダヤ人の巨大《きょだい》な陰謀《いんぼう》」の一部だと声高《こわだか》に非難《ひなん》。

一九二六　ベルリン大学の員外教授に昇進《しょうしん》。

一九二八　フランスの化学者ポーリーヌ・ラマール＝リュカスとともに第一回「女性のためのノーベル賞」を受賞。この賞は、アメリカの団体「科学界の女性を支援《しえん》する会」がエレン・リチャーズ賞を格上げして創設したもの。

一九二九　ハーンとともにノーベル化学賞の候補に推薦される。

一九三〇　ハーンとともにノーベル化学賞の候補に推薦される。

一九三二　ヒトラーがドイツ大統領選に出馬し、軍人として人気のあったパウル・フォン・

一九三三

ヒンデンブルクに敗れる。だが、ライヒスターク(国会)選挙でナチスは躍進《やくしん》。

ハーンとともにノーベル化学賞の候補に推薦される。◆ヒンデンブルク、ヒトラーを連立政権の首相に任命し、権力をゆずりわたす。◆放火によりドイツ国会議事堂が焼失。ヒトラーは共産主義者の放火と断定する。◆ヒンデンブルク、国家《こっか》安全保障《あんぜんほしょう》のため、ヒトラーに強大な全体主義的権力をあたえる政令に署名《しょめい》。◆専門《せんもん》職公務員復活法《しょくこうむいんふっかつほう》により、ドイツ系《けい》ユダヤ人が「非アーリア人」(非白人)としてすべての大学から追放される。◆マイトナーは人種《じんしゅ》に関する書類を記入する際、自身をユダヤ人と認《みと》める。◆ともに講師《こうし》をつとめるレオ・シラードがユダヤ人でドイツを去ったため、マイトナーの春学期の講座《こうざ》が中止となる。シラードはイギリスに移る。◆夏の終わりに、教授職を解《と》かれる。ユダヤ人は大学で働けな

教授となったマイトナー。ベルリン大学での仕事場で(1931年)

くなったが、マイトナーはカイザー・ヴィルヘルム化学研究所の研究室で研究を続ける。

一九三四 ハーンとともにノーベル化学賞の候補に推薦される。◆ハーンを説得し、エンリコ・フェルミが始めた研究に続く超《ちょう》ウランの研究を開始。◆ヒンデンブルク大統領死去。大統領職と首相職が統合されて、「帝国の総統(フューラー)」となる。ヒトラーがその称号《しょうごう》と権力を手にする。

一九三五 ハーンとともに超ウランについての論文を発表。◆マックス・デルブリュックとともに原子核構造に関する論文を発表。◆ニュルンベルク法が施行《しこう》され、ドイツのユダヤ人の市民権とすべての権利がうばわれる。

一九三六 ハーンとともにノーベル化学賞の候補に推薦される。◆ハーンとともに、超ウランの研究についてさらに七本の論文を発表。

一九三七 ハーンとともにノーベル化学賞と物理学賞の候補になる。物理学賞の候補になるのは初。

一九三八 ドイツがオーストリアを無抵抗《むていこう》で制圧し、併合《へいごう》。オーストリア人は帝国国民となる。ユダヤ人であるマイトナーは祖国を失い、無国籍《むこくせき》となる。◆ハーンがマイト

一九三九

ナーにカイザー・ヴィルヘルム化学研究所から去るようせまる。◆アパートから退去《たいきょ》させられ、ホテルに移る。◆ディルク・コスター、パウル・ロスバウト、ピーター・デバイらの助けにより、マイトナーはベルリンを脱出《だっしゅつ》。◆ストックホルムに落ちつく。◆ドイツ軍兵士と市民が何千というユダヤ人の家屋、会社や店舗《てんぽ》、シナゴーグ〔ユダヤ教の礼拝所《れいはいじょ》〕を襲撃《しゅうげき》。この暴動と迫害《はくがい》の一夜は「クリスタルナハト(水晶《すいしょう》の夜)」と呼ばれる。何百人ものユダヤ人が殺され、三万人が収容所《しゅうようじょ》に送られる。◆この年から翌年《よくねん》初めにかけて、多くの新しい法律が制定され、ユダヤ人はすべての公的文書で自分の名前に「サラ」または「イスラエル」を加えなくてはならなくなる。また、公立の学校、コンサート、映画館、公園などに入ることは許されない。庭の所有も許されない。ユダヤ人への強盗《ごうとう》は事実上合法であり、ユダヤ人は「価値のあるすべての宝石《ほうせき》」を引きわたさなくてはならない。◆ハーンは自分が理解できない謎《なぞ》を伝えた。マイトナーは、ハーンの実験の奇妙《きみょう》な結果は、まったく予想だにしなかった、原子の分裂《ぶんれつ》によって説明できると気づく。マイトナーと甥《おい》のオットー・ロバート・フリッシュは、この新しい現象を「核分《かくぶん》裂《れつ》」と名づける。ハーンとマイトナーはこの実験について執筆。

ハーンとともにノーベル化学賞の候補に推薦される。◆ボーアが、第五回ワシントン理論物理学会議の開会時、原子が分裂したと発表。◆マイトナーとフリッシュの核分裂に関する論文「中性子《ちゅうせいし》によるウランの崩壊——新しいタイプの核反《かくはん》応《のう》」が『ネイチャー』誌に掲載《けいさい》される。◆ドイツがポーランドに侵攻。フランスとイギリスがドイツに宣戦布告。

一九四〇 ハーンとともにノーベル物理学賞の候補に推薦される。

一九四一 ハーンとともにノーベル物理学賞と化学賞の候補に推薦される。◆日本が真珠湾《しんじゅわん》を攻撃《こうげき》し、アメリカが連合国(フランス、イギリス、ロシア)側として参戦。◆ドイツで、ユダヤ人が黄色い星を服の上につけるよう命じられる。

一九四二 ハーンとともにノーベル化学賞の候補に推薦される。

一九四三 ハーンとともにノーベル物理学賞の候補に推薦される。◆原子《げんし》爆弾《ばくだん》を開発・製造するマンハッタン計画への参加を求められるが、拒否《きょひ》。難民《なんみん》となった友人の多くはマンハッタン計画に従事《じゅうじ》。マイトナー

ニューメキシコ州ホルナダ・デル・ムエルト砂漠でおこなわれたトリニティ核実験(1945年)

とアインシュタインだけが断った。

一九四四

連合国軍がフランスのノルマンディー海岸に上陸。これによりヨーロッパ戦線は大きく情勢がかわり、およそ一年後に終結。アルソス作戦の部隊が組まれ、軍の進撃《しんげき》に随行《ずいこう》してドイツの兵器研究や科学者を追う。

一九四五

アルソス部隊が、ヴェルナー・ハイゼンベルクとハーンをはじめとするウラン・グループのメンバーをとらえる。◆ヒトラーが地下壕《ちかごう》で自殺。連合国軍がベルリン占領《せんりょう》。ヨーロッパでの戦争が終わり、ドイツは、東半分をソビエト連邦《れんぽう》、西半分をアメリカ、フランス、イギリスが支配する、ふたつの地域《ちいき》に分割《ぶんかつ》される。◆ニューメキシコ州ロスアラモス近郊《きんこう》の砂漠《さばく》で最初の原子爆弾の実験が成功。◆ハリー・トルーマン大統領が、戦争の早期終結をおしすすめるため、日本に対する原子爆弾の使用を命じる。◆一発目の原子爆弾で広島市、二発目の原子爆弾で長崎市が広範囲《こうはんい》にわたって破壊《はかい》される。◆マイトナーは女性としては三人目のスウェーデン王立科学アカデミー外国人会員に選ばれる。◆フリッシュとともにノーベル物理学賞の候補に推薦される。◆ハーンが核分裂の発見により一九四四年のノーベル化学賞を受賞。委員会の決定により一年後に発表される。

一九四六

客員教授として、また講演《こうえん》ツアーのためにワシントンDCにむかう。◆ハーバード大学、プリンストン大学、マサチューセッツ工科大学、ブラウン大学、ウェルズリー大学などで講義《こうぎ》をおこなう。◆アメリカのアデルフィ大学、ロチェスター大学、ラトガース大学、スミス・カレッジから名誉《めいよ》博士号を授与される。◆フリッシュとともにノーベル物理学賞と化学賞の候補に推薦される。◆全米女性記者クラブの授賞式でウーマン・オブ・ザ・イヤーに選出される。

一九四七 ● フリッシュとともにノーベル化学賞と物理学賞の候補に推薦される。◆ウィーン市が、マイトナーにウィーン科学・芸術賞を授与。◆ストックホルムのスウェーデン王立工科大学物理学部の有給職につく。

一九四八 ● フリッシュとともにノーベル化学賞と物理学賞の候補に推薦される。◆前年に亡《な》くなったマックス・プランクの記念式典のため一〇年ぶりにドイツにもどる。

一九四九 ● ノーベル物理学賞の候補に推薦される。◆ハーンとともにドイツ物理学会からマックス・プランク・メダルの栄誉《えいよ》を受ける。◆ジュネーブで開かれた第二回原子力平和利用国際会議《げんしりょくへいわりようこくさいかいぎ》に、ス

黒板にむかうリーゼ・マイトナー(1949 年)

ウェーデンの代表団のメンバーとして参加。◆スウェーデン国籍《こくせき》を取得。

一九五〇● スウェーデンのストックホルム大学から名誉博士号を授与される。

一九五四● ノーベル物理学賞の候補に推薦される。◆引退《いんたい》するが、講演や大学院生の指導を続ける。

一九五五● ノーベル物理学賞の候補に推薦される。◆新しく創設されたオットー・ハーン化学・物理学賞を受賞。

一九五六● ノーベル物理学賞の候補に推薦される。

一九五九● フリッシュとともにノーベル物理学賞の候補に推薦される。◆西ベルリンのハーン・マイトナー核《かく》研究所の開所式に出席。

一九六〇● オーストリア産業協会よりヴィルヘルム・エクスナー・メダルを授与される。◆フリッシュとその家族の近くに住むため、イギリス・ケンブリッジに転居。

一九六一● フリッシュとともにノーベル物理学賞の候補に推薦される。

一九六二● ゲッティンゲン大学からドロテア・シュレーツァー・メダルを授与される。

一九六四 ● ノーベル物理学賞の候補に推薦される。

一九六五 ● ノーベル物理学賞の候補に推薦される。

一九六六 ● マイトナー、ハーン、シュトラスマンに、アメリカ合衆国《がっしゅうこく》原子力委員会（ＡＥＣ）よりエンリコ・フェルミ賞が授与される。

一九六七 ● フリッシュとともにノーベル物理学賞の候補に推薦される。

一九六八 ● 7月28日　ハーン死去。◆10月27日　マイトナー死去。

一九九七 ● 周期表の原子番号１０９の元素がマイトナーにちなんで「マイトネリウム」と命名される。

物理学用語集

アルファ粒子《りゅうし》●放射性崩壊《ほうしゃせいほうかい》の際に放出される粒子。二個の陽子《ようし》と二個の中性子《ちゅうせいし》からなるヘリウム原子核《げんしかく》であることが発見された。

原子番号●原子の原子核にふくまれる陽子の個数で、その原子がどのような元素《げんそ》であるかを決定する数値。

ベータ粒子●放射性崩壊の際に放出される粒子。高エネルギーの電子または陽電子《ようでんし》であることが発見された。

電子●負の電荷《でんか》をもつ素粒子《そりゅうし》で、陽子や中性子のように原子核にふくまれているのではなく、原子核のまわりを〝まわって〟いる。

静電気力●クーロン力とも呼《よ》ばれ、電荷をおびた物体が静止したときに相互《そうご》作用を起こす力。電荷が正と負で反対の場合、物体はたがいに引きつけあう。電荷が同じ場合(正と正、負と負)、物体はたがいに反発しあう。磁石《じしゃく》のはしが引きあうか反発するかのように。

核分裂《かくぶんれつ》●より重い、半安定または不安定な原子核が、二つ以上のより軽い原子核、および放射線《ほうしゃせん》にふくまれる素粒子やエネルギーなどほかの生成物《せいせいぶつ》に分割《ぶんかつ》される現象《げんしょう》。

ガンマ線●原子核の放射性崩壊によって生じる高エネルギーの電磁波《でんじは》。アルファ粒子(ヘリウム原子核)からなるアルファ線、ベータ粒子(電子または陽電子)からなるベータ線とはちがい、ガンマ線は質量《しつりょう》をもつ粒子ではなく、純粋《じゅんすい》なエネルギーである。

同位体《どういたい》●原子番号が等しく、中性子の数が異《こと》なる元素。

中性子●電荷をもたない(正でも負でもない)粒子で、通常の水素を除《のぞ》くすべての原子の原子核にふくまれている。

原子核●基本的には陽子と中性子から成りたち、通常の水素原子の原子核は陽子一個だけである。原子の小さな核。

陽電子《ようでんし》●電子と同じ質量をもつが、電荷は反対で、電気的には負ではなく正である粒子。

陽子●原子核を構成する、正の電荷(電子とは逆の電荷)をもつ粒子。

放射性崩壊●不安定な原子核が、粒子や放射線の放出により安定に近づく現象。

超《ちょう》ウラン元素《げんそ》●周期表で原子番号がウランを超《こ》える元素。つまり、天然に存在《そんざい》するもっとも重い元素であるウランよりも多くの陽子をもつ、より重い元素。これらの元素は非常に不安定で、放射性崩壊を起こし、ほかのより軽い元素に変化する。

作品に関係する科学者

苗字の五十音順

アルベルト・アインシュタイン（一八七九年三月一四日〜一九五五年四月一八日）

ドイツ系《けい》ユダヤ人の物理学者。量子物理学《りょうしぶつりがく》の重要な基礎《きそ》となる相対性理論《そうたいせいりろん》を構築《こうちく》。一九二一年にノーベル物理学賞を受賞。アインシュタインとマイトナーはカイザー・ヴィルヘルム研究所で交友のある同僚《どうりょう》だった。自分たちが興味をもっている研究をほかの人がすでにおこなっていると気づくまで、原子《げんし》に関する共同研究を考えていた。一九三三年にヒトラーが政権をにぎったときはアメリカに滞在中《たいざいちゅう》で、ファシストの弾圧《だんあつ》の下で暮《く》らすよりも、アメリカにとどまることを選んだ。

カール・フリードリヒ・フォン・ヴァイツゼッカー（一九一二年六月二八日〜二〇〇七年四月二八日）

ドイツ人物理学者。第二次世界大戦中、ハイゼンベルクの率いるナチスのウラン・グループに所属。ハイゼンベルクとともにコペンハーゲンを訪《おとず》れ、ボーアに核兵器《かくへいき》研究について質問したことは有名。戦後、イギリスのファーム・ホールで数か月間拘留《こうりゅう》された際に録音された会話から、アメリカより倫理的《りんりてき》にすぐれていると強くドイツを擁護《ようご》し、ナチスが続けた犯罪を一切認《みと》めようとしなかったのが明らかになる。戦後、マックス・プランク研究所の物理学部長に就任《しゅうにん》。一九七〇年から一九八〇年まで、ドイツのシュタルンベルクにあるマックス・プランク「科学技術の世界における生活条件」研究所(のちにマックス・プランク社会科学研究所に改称《かいしょう》)で初代所長をつとめた。

ユージン・ウィグナー(一九〇二年一一月一七日〜一九九五年一月一日)

ハンガリー系ユダヤ人物理学者。原子《げんし》核《かく》の理論についての研究で一九六三年にノーベル物理学賞を受賞。ローズヴェルト大統領に核兵器開発をすすめる手紙に署名《しょめい》するよう、シラードと協力してアインシュタインを説得し、自らのチームをマンハッタン計画で率いた。

カール・ヴィルツ(一九一〇年四月二四日〜一九九四年二月一二日)

ドイツ人物理学者。マイトナーの同僚で、のちにナチスのウラン・グループに属《ぞく》し、核兵器や原《げん》子力《しりょく》に関する研究をおこなった。イギリスのファーム・ホールでの抑留《よくりゅう》から解放《かいほう》されると、マックス・プランク物理学研究所(旧カイザー・ヴィルヘルム物理学研究所)にもどり、ゲッティンゲン大学、カールスルーエ工科大学で教鞭《きょうべん》をとった。

ゲルタ・フォン・ウビッシュ(一八八二年一〇月三日〜一九六五年三月三一日)

ドイツ系ユダヤ人物理学者・遺伝学者《いでんがくしゃ》・植物学者。ベルリン大学で学び、そこで出会ったマイトナーをはげました。ふたりは生涯《しょうがい》文通を続けた。ウビッシュは、博士号を取得するためにハイデルベルク大学に移る。一九二三年に同大学で教鞭をとりはじめ、それはこの大学では女性初の快挙であり、ドイツ全土でも非常に初期のひとりであった。一九三三年、ユダヤ人であることを理由に教員の職を失う。一九三四年、ドイツを離《はな》れ、オランダからスイスにわたった。翌年《よくねん》ブラジルに移り、サンパウロで働く。一九五二年、ドイツにもどり、ナチス政権下での経済的損失《けいざいてきそんしつ》に対しての賠償《ばいしょう》を求めた。一〇年間賠償を求めて争ったが認められず、貧しく生涯を終えた。

シグヴァード・エクルンド（一九一一年六月一九日〜二〇〇〇年一月三〇日）

スウェーデン人物理学者。一九六一年から一九八一年まで国際原子力機関《こくさいげんしりょくきかん》(ＩＡＥＡ)の事務局長をつとめた。マイトナーとともに原子力の平和利用を推進《すいしん》。

ロバート・オッペンハイマー（一九〇四年四月二二日〜一九六七年二月一八日）

ユダヤ系アメリカ人物理学者。カリフォルニア大学バークレー校で教鞭《きょうべん》をとり、戦時中はロスアラモス研究所の所長としてマンハッタン計画に従事《じゅうじ》。

ハンス・ガイガー（一八八二年九月三〇日〜一九四五年九月二四日）

ドイツ人物理学者。放射線《ほうしゃせん》を測定するガイガー・カウンターの共同発明者のひとり。ベルリンでマイトナーの研究者仲間だったが、ナチスのウラン・グループの一員として核兵器や電力について研究。

マリー・キュリー（一八六七年一一月七日〜一九三四年七月四日）

ポーランド人物理学者・化学者で、ポーランドからフランスに移住。女性として初めてノーベル賞を受賞した。また、ノーベル賞を二度授与《じゅよ》された最初の人物でもある。夫ピエール・キュリー、アンリ・ベクレルとの放射線に関する研究で一九〇三年にノーベル物理学賞を、ラジウムとポロニウムの発見で一九一一年にノーベル化学賞を受賞した。

ヴァルター・ゲルラッハ（一八八九年八月一日〜一九七九年八月一〇日）
ドイツ人物理学者。ナチスのウラン・グループで研究。

ディルク・コスター（一八八九年一〇月五日〜一九五〇年二月一二日）
オランダ人物理学者。フローニンゲン大学で終生教鞭をとる。マイトナーのドイツ脱出《だっしゅつ》を助けただけでなく、ナチスの侵攻《しんこう》後はユダヤ人の潜伏《せんぷく》や脱出を援助《えんじょ》。一九二三年にハフニウムを発見。

ジョン・コッククロフト（一八九七年五月二七日〜一九六七年九月一八日）
イギリス人物理学者。一九五一年、加速粒子《かそくりゅうし》による原子核変換《げんしかくへんかん》の研究によりアーネスト・ウォルトンとともにノーベル物理学賞を受賞。第二次世界大戦中、軍需省《ぐんじゅしょう》の科学研究部長補佐《ほさ》として、レーダーの開発に力を注《そそ》いだ。また、チューブ・アロイズ計画にもたずさわり、MAUD《モード》委員会の一員でもあった。

マンネ・シーグバーン（一八八六年一二月三日〜一九七八年九月二六日）
スウェーデン人物理学者。X線分光法《ぶんこうほう》の研究で一九二四年にノーベル物理学賞を受賞。一九三七年、スウェーデン王立科学アカデミーが設立したノーベル物理学研究所の所長に就任《しゅうにん》。難民《なんみん》であるマイトナーを受けいれて籍《せき》をあたえはしたが、あまり支援《しえん》をおこなわなかった。

パウル・シェラー（一八九〇年二月三日〜一九六九年九月二五日）
スイス人物理学者。チューリッヒ工科大学で四〇年間教鞭をとった。マイトナーのベルリン脱出を援助した。

ヨハネス・シュタルク（一八七四年四月一五日～一九五七年六月二一日）
ドイツ人物理学者。一九一九年、カナル線におけるドップラー効果の発見によりノーベル物理学賞を受賞。フィリップ・レーナルトとともに熱狂的《ねっきょうてき》な反ユダヤ主義者で、ドイツの生活のあらゆる面、特に科学分野からユダヤ人を排除《はいじょ》するよう声高《こわだか》に主張した。マイトナーも彼の「好ましくない人物」のリストにふくまれていた。一九四七年、戦後ドイツの学術界からナチスを粛清《しゅくせい》するよう命じられていた裁判所より、「重大犯罪者」として有罪判決を受けた。懲役《ちょうえき》四年の判決であったが、刑《けい》は執行猶予《しっこうゆうよ》となり、余生《よせい》は穏《おだ》やかに過ごした。

オットー・シュテルン（一八八八年二月一七日～一九六九年八月一七日）
ドイツ系ユダヤ人物理学者。マイトナーの甥《おい》フリッシュと共同研究をおこなった。一九三三年、ナチスが政権をにぎったあと、職を辞《じ》してドイツからアメリカにわたる。カーネギー工科大学で物理学の教授に就任し、分子《ぶんし》線法《せんほう》の研究により一九四三年にノーベル物理学賞を受賞。

フリッツ・シュトラスマン（一九〇二年二月二二日～一九八〇年四月二二日）
一九二九年から一九四六年までカイザー・ヴィルヘルム化学研究所に勤務《きんむ》したドイツ人化学者。一九三三年からハーン、マイトナーらと共同研究をおこない、一九三八年に核分裂《かくぶんれつ》をともに発見。シュトラスマンとその妻マリアは、命がけでユダヤ人女性を自宅にかくまったことから、一九八五年にエルサレムのホロコースト・メモリアル「ヤド・ヴァシェム」から「諸国民《しょこくみん》の中の正義の人」と認定《にんてい》された。

レオ・シラード（一八九八年二月一一日～一九六四年五月三〇日）

ハンガリー系ユダヤ人物理学者で、ベルリンでマイトナーとともに講義《こうぎ》を受けもった。ヒトラーの首相就任直後、イギリスに逃《のが》れ、その後アメリカにわたる。一九三九年、アルベルト・アインシュタインが署名したローズヴェルト大統領あての有名な手紙の草案《そうあん》をつくり、これは大統領がマンハッタン計画を開始する引き金となった。シラードも計画に従事。

ジェームズ・チャドウィック（一八九一年一〇月二〇日～一九七四年七月二四日）

イギリス人物理学者。一九三五年、中性子《ちゅうせいし》の発見によりノーベル物理学賞を受賞。マイトナーのイギリスでの就職先《しゅうしょくさき》をさがしたが、ユダヤ人女性は歓迎《かんげい》されず断念。チューブ・アロイズ計画のイギリスのチームを率い、のちにマンハッタン計画にも参加。

クルト・ディーブナー（一九〇五年五月一三日～一九六四年七月一三日）

ドイツ人物理学者。ヒトラーの下で核兵器と原子力の研究をおこなったナチスのウラン・グループの管理責任者。戦後はドイツにもどり、船舶《せんぱく》や潜水艦《せんすいかん》での原子力利用を研究した。

ピーター・デバイ（一八八四年三月二四日～一九六六年一一月二日）

オランダ人物理学者・化学者。分子《ぶんし》構造《こうぞう》についての研究で一九三六年にノーベル化学賞を受賞。一九三四年にアインシュタインが辞任《じにん》したあと、カイザー・ヴィルヘルム物理学研究所所長に就任。マイトナーのベルリン脱出《だっしゅつ》を助けた。

エドワード・テラー（一九〇八年一月一五日〜二〇〇三年九月九日）

ハンガリー系ユダヤ人物理学者。一九二六年、反ユダヤ主義が高まるハンガリーを離れ、ドイツで学業をおさめた。一九三三年にヒトラーが政権をとると、テラーはコペンハーゲンに移り、ニールス・ボーアと働いたのち、一九三四年にイギリスに移った。一九四二年、マンハッタン計画に参加。アーネスト・ローレンスとともにカリフォルニア州にローレンス・リバモア国立研究所を設立して所長をつとめ、その後副所長となり、二〇年近く歴任《れきにん》。化石燃料の燃焼による地球温《ちきゅうおん》暖化《だんか》がもたらす破滅的《はめつてき》な影響《えいきょう》について、一九五七年にいち早く警鐘《けいしょう》を鳴らした最初の科学者のひとり。

マックス・デルブリュック（一九〇六年九月四日〜一九八一年三月九日）

ドイツ人生物物理学者。一九六九年、ウイルスの遺伝子《いでんし》構造《こうぞう》についての研究により、サルバドール・ルリア、アルフレッド・ハーシーとともにノーベル生理学・医学賞を共同受賞。一九三二年からマイトナーの助手として働き、その後も親交は続いた。一九三七年にナチス・ドイツを離れ、カリフォルニア工科大学で分子《ぶんし》生物学《せいぶつがく》を専攻《せんこう》し、アメリカにとどまる。兄ユストゥス、妹エミーとその夫クラウス・ボンフェッファー、クラウスの弟ディートリヒは、一九四四年のヒトラー暗殺計画に関与《かんよ》。エミーを除《のぞ》く全員が逮捕《たいほ》され、有罪が確定。一九四五年ボンフェッファー兄弟処刑《しょけい》。同年ユストゥスもソビエト連邦《れんぽう》の拘束下《こうそくか》で死亡《しぼう》。

J・J・トムソン（一八五六年一二月一八日〜一九四〇年八月三〇日）

イギリスの物理学者。電流が電子と呼《よ》ばれる粒子《りゅうし》の流れであると発見し、一九〇六年にノーベル物理学賞を受賞。一八八四年から亡《な》くなるまでケンブリッジ大学で物理学を教えた。優秀《ゆうしゅう》な研究者であると同時に、指導力にも長《た》け、ラザフォード、ボーア、ボルンなど多くのノーベル賞受賞者を導《みちび》いた。原子をブドウパンに見立てたが、ラザフォードとその後ボーアによって修正された。一九〇八年にナイトの称号《しょうごう》を授与《じゅよ》される。ウェストミンスター寺院のアイザック・ニュートンの墓の近くに埋葬《まいそう》された。

フリッツ・ハーバー（一八六八年一二月九日〜一九三四年一月二九日）

ドイツ系ユダヤ人化学者。窒素《ちっそ》ガスと水素ガスからアンモニアを合成するハーバー・ボッシュ法を発明し、一九一八年にノーベル化学賞を受賞。この工程は、肥料《ひりょう》や火薬の製造に利用された。第一次世界大戦中に使われた致死性《ちしせい》の猛毒《もうどく》ガスを研究し、「化学兵器の父」と呼ばれている。マイトナーは、カイザー・ヴィルヘルム研究所でハーバーに出会い尊敬《そんけい》していた。一九三三年に政権をにぎったナチスから、ユダヤ人所員全員を解雇《かいこ》するよう圧力をかけられた。しかし、その要求をのまず、一九三三年四月に所長を辞任《じにん》。国外に出たが、スイスで移動中に亡くなった。

ルドルフ・パイエルス（一九〇七年六月五日〜一九九五年九月一九日）

ドイツ系ユダヤ人物理学者。ヒトラーが政権をにぎったときは、ケンブリッジ大学に在籍《ざいせき》。イギリスにとどまると決め、バーミンガム大学でフリッシュとともに、ウランを核分裂《かくぶんれつ》に利用する方法について研究。一九四〇年に発表された彼らの「覚書《おぼえがき》」は、原子爆弾《げんしばくだん》のつくり方に関する最初の技術的記述であった。マンハッタン計画にも加わり、戦後はバーミンガム大学で教鞭《きょうべん》をとった。

ヴェルナー・ハイゼンベルク（一九〇一年一二月五日〜一九七六年二月一日）

ドイツ人物理学者で、量子力学《りょうしりきがく》を率いたひとり。マイトナーは、若き研究者のハイゼンベルクと出会い、その研究を称賛《しょうさん》していたが、彼はナチスに加担《かたん》することになった。量子力学、特に不確《ふかく》定性原理《ていせいげんり》の研究で一九三二年にノーベル物理学賞を受賞。一九三六年、量子物理学の研究をおこなうのは「白いユダヤ人」だと非難《ひなん》され、そのためミュンヘン大学での就職《しゅうしょく》予定をとりけされる。一九四二年、親衛隊《しんえいたい》指導者ヒムラーが「よいドイツ人」と公認《こうにん》したことにより、ハイゼンベルクはカイザー・ヴィルヘルム物理学研究所の所長に任命される。ナチスのもとで核《かく》研究の責任者をつとめた。第二次世界大戦末期、アルソス作戦チームに逮捕《たいほ》され、解放後はゲッティンゲンに落ちつき、カイザー・ヴィルヘルム物理学研究所が改称《かいしょう》されたマックス・プランク物理学研究所で働いた。

ヴォルフガング・パウリ（一九〇〇年四月二五日〜一九五八年一二月一五日）

オーストリア人物理学者。一九四五年、量子力学における排他原理《はいたげんり》の発見によりノーベル物理学賞を受賞。マイトナーの友人で同僚。マイトナーのベルリン脱出《だっしゅつ》が成功したとき、コスターに送った祝電は有名。アインシュタインの相対性理論《そうたいせいりろん》が発表された直後に書いた解説がよく知られている。一九三八年、ドイツがオーストリアに侵攻《しんこう》してオーストリア国籍《こくせき》を失ったため、教授をしていたスイスにとどまれなくなる。ユダヤ系出自のため安心してハンブルクに帰ることができず、アメリカに移住し、ニュージャージー州のプリンストン高等研究所で働き、アメリカ国籍を取得。

エリッヒ・バーゲ（一九一二年五月三〇日〜一九九六年六月五日）

ドイツ人物理学者。ハイゼンベルクの弟子。ナチスのウラン・グループの一員として、ハイゼンベルクのもとで核兵器や電力に関する研究をした。ファーム・ホールでナチスの非を認めていなかった。

エミール・フィッシャー（一八五二年一〇月九日〜一九一九年七月一五日）

ドイツ人化学者。一九〇二年、糖類《とうるい》とカフェインの研究によりノーベル化学賞を受賞。一八九二年から一九一九年までベルリン大学に在籍し、そのあいだは化学研究所の所長をつとめた。その名を冠《かん》した賞をハーンが受賞し、マイトナーにはメダルの複製がおくられた。

エンリコ・フェルミ（一九〇一年九月二九日〜一九五四年一一月二八日）

イタリア人物理学者。超《ちょう》ウランの研究により一九三八年にノーベル物理学賞を受賞。マイトナーも同じような問題にとりくんでいて、ふたりは親交があった。一九三八年、イタリアの独裁者《どくさいしゃ》ベニート・ムッソリーニによって反ユダヤ主義的な法律が導入され、ローマを離れた。ユダヤ人の妻、ラウラ・カポーネを守るためアメリカにわたり、フェルミはマンハッタン計画で働いた。

アドリアーン・フォッカー（一八八七年八月一七日〜一九七二年九月二四日）

アインシュタインとラザフォードに師事《しじ》したオランダ人物理学者。オランダのハールレムで働いていた当時、ディルク・コスターとともにマイトナーのベルリン脱出《だっしゅつ》を援助。

ジョージ・プラチェック（一九〇五年九月二六日〜一九五五年一〇月九日）

チェコ系ユダヤ人物理学者。マイトナーの甥《おい》フリッシュと親交がある。一族でただひとりホロコーストを生きのびた。マンハッタン計画で活躍《かつやく》し、戦後はニュージャージー州プリンストンの高等研究所に籍《せき》をおいた。

ジェイムズ・フランク（一八八二年八月二六日〜一九六四年五月二一日）

ドイツ系ユダヤ人の物理学者。電子が原子にあたえる影響《えいきょう》についての研究で、グスタフ・ヘルツとともに一九二五年のノーベル物理学賞を受賞。マイトナーとはカイザー・ヴィルヘルム研究所で同僚であり、生涯を通じて親しい友人だった。一九三三年にナチスが政権をにぎるとゲッティンゲン大学を辞職《じしょく》。コペンハーゲンのニールス・ボーアの理論物理学《りろんぶつりがく》研究所で一年間働いたのち、アメリカにわたり、マンハッタン計画に参加したが、日本の都市に警告《けいこく》なしに原子爆弾《げんしばくだん》を投下しないよう強く訴《うった》えた。シカゴにある彼のアーカイブ〔体系的《たいけいてき》に保管された文書〕には、マイトナーとのあいだに交わされたたくさんの手紙が残っている。

マックス・プランク（一八五八年四月二三日〜一九四七年一〇月四日）

ドイツ人物理学者。「エネルギー量子《りょうし》」と呼ぶ不連続なエネルギーのかたまりとして光や電磁波《でんじは》が放出されるのを発見。この研究により一九一八年のノーベル物理学賞を受賞。マイトナーはベルリンに移り、プランクのもとで研究した。一八八九年から一九二六年までベルリン大学で教鞭《きょうべん》をとり、マイトナーを助手として採用。一九四八年、カイザー・ヴィルヘルム協会はマックス・プランク協会と改称《かいしょう》された。

オットー・ロバート・フリッシュ（一九〇四年一〇月一日〜一九七九年九月二二日）
オーストリア系ユダヤ人物理学者。マイトナーの甥で、彼女と協力して核分裂《かくぶんれつ》を発見。五年間デンマークのボーアのもとで研究し、一九三九年にイギリスにわたったが、第二次世界大戦が始まり帰国できなくなった。マンハッタン計画に加わり、戦後はイギリスにもどり、ケンブリッジ大学トリニティ・カレッジで教えた。

グスタフ・ヘルツ（一八八七年七月二二日〜一九七五年一〇月三〇日）
ドイツ人物理学者。一九二五年、ジェイムズ・フランクとともにノーベル物理学賞を受賞。カイザー・ヴィルヘルム研究所ではマイトナーの同僚で友人だったが、一九三五年、ユダヤ人の祖父（幼少時《ようしょうじ》に家族とともにルーテル派に改宗《かいしゅう》）をもつために「第二級ユダヤ人」とされ、ベルリンの職を失う。ユダヤ人排斥《はいせき》の法律が厳《きび》しくなるまで、民間企業《きぎょう》シーメンス社で働き、その後ソビエト連邦にわたり、ロシアの核研究に参加。

カール・ヘルツフェルト（一八九二年二月二四日〜一九七八年六月三日）
オーストリア系ユダヤ人物理学者。ミュンヘン大学で教職につく。一九二六年、アメリカのメリーランド州ボルチモアのジョンズ・ホプキンス大学で教鞭をとることになり、一九三六年まで教えた。その年、ワシントンDCに移り、アメリカ・カトリック大学で教鞭をとり、その地で晩年《ばんねん》を過ごす。日本への原爆《げんばく》投下により第二次世界大戦が終結したのち、マイトナーのアメリカでの講演《こうえん》旅行を手配。

ニールス・ボーア（一八八五年一〇月七日～一九六二年一一月一八日）

デンマーク人物理学者。原子構造《げんしこうぞう》の解明と量子論《りょうしろん》への貢献《こうけん》により、一九二二年にノーベル物理学賞を受賞。マイトナーの親しい友人で、ドイツ脱出《だっしゅつ》と求職を援助。また、連合国のために核爆弾《かくばくだん》を開発するマンハッタン計画にも参加。

ヴァルター・ボーテ（一八九一年一月八日～一九五七年二月八日）

ドイツ人核物理学者。ハイゼンベルク率いるナチスのウラン・グループの一員で、第二次世界大戦中に核兵器と原子力について研究。

カール・ボッシュ（一八七四年八月二七日～一九四〇年四月二六日）

ドイツ人化学者。一九三一年、高圧化学の研究によりフリードリヒ・ベルギウスとともにノーベル化学賞を受賞。一九〇九年から一九一三年までフリッツ・ハーバーとの共同研究で、アンモニアの合成製造の規模《きぼ》を拡大《かくだい》。ドイツ最大の化学会社IG《イーゲー》ファルベン社の創立者《そうりつしゃ》のひとり。一九三七年から一九四〇年までカイザー・ヴィルヘルム協会の会長をつとめ、マイトナーをふくむ研究所に残るユダヤ人科学者を守ろうとした。

ルートヴィヒ・ボルツマン（一八四四年二月二〇日～一九〇六年九月五日）

オーストリア人物理学者・哲学者《てつがくしゃ》。ウィーン大学でマイトナーに物理学を教えた。

マックス・ボルン（一八八二年一二月一一日～一九七〇年一月五日）
ドイツ系ユダヤ人の物理学者・数学者。ナチスから逃《のが》れ、イギリスに亡命《ぼうめい》。量子力学《りょうしりきがく》の研究により、一九五四年、ヴァルター・ボーテとともにノーベル物理学賞を受賞。

マックス・フォン・ラウエ（一八七九年一〇月九日～一九六〇年四月二四日）
ドイツ人物理学者。結晶《けっしょう》によるX線の回折《かいせつ》を発見し、一九一四年にノーベル物理学賞を受賞。マイトナーの親しい同僚で友人。ナチスの政策《せいさく》に強く反対した。だが、ドイツの科学者が第三帝国《ていこく》に加担するはめになったことを即座《そくざ》に弁解した。第二次世界大戦後は、できるかぎり多くの科学者のナチスとの関係による疑《うたが》いを払拭《ふっしょく》し、ドイツ科学の再興に貢献した。

アーネスト・ラザフォード（一八七一年八月三〇日～一九三七年一〇月一九日）
ニュージーランド出身の物理学者で、最初はカナダで、その後イギリスで主な研究をおこなった。「原子物理学の父」として知られ、原子《げんし》崩壊《ほうかい》説を唱えて「半減期《はんげんき》」の概念《がいねん》を提起。一九〇八年、一連の研究業績によりノーベル化学賞を受賞。ラザフォードのもとで学んだハーンはマイトナーを紹介《しょうかい》したが、ラザフォードはその研究内容から男性にちがいないと思いこんでいた。

ポーリーヌ・ラマール＝リュカス（一八八〇年一一月二二日～一九五三年三月一七日）
フランスの化学者。一九三五年から一九四一年までパリ大学で教え、再び一九四四年から一九五三年に亡くなるまで教えた。マリー・キュリー以来二番目のソルボンヌ大学所属の女性科学者であった。戦時中は反ファシズムを主張し、ヴィシー政府(ドイツ占領下《せんりょうか》のフランス傀儡《かいらい》政権)により職を追われた。マイトナーとともに、「女性のためのノーベル賞」に格上げされたエレン・リチャーズ賞を受賞。

ハインリヒ・ルーベンス(一八六五年三月三〇日〜一九二二年七月一七日)

ドイツ人物理学者。一九〇六年からベルリン大学で教鞭《きょうべん》をとった。一九〇六年、ベルリン大学物理学研究所所長に就任《しゅうにん》。マイトナーがベルリンに来た当初、マイトナーと共同研究を希望するオットー・ハーンを紹介《しょうかい》した。

フィリップ・レーナルト(一八六二年六月七日〜一九四七年五月二〇日)

ドイツ人物理学者。一九〇五年、陰極線《いんきょくせん》の研究でノーベル物理学賞を受賞。ヒトラーを早くから支持し、ナチスのファシズムを声高《こわだか》に主張し、ユダヤ人をドイツ文化の癌《がん》だと非難。粛清《しゅくせい》すべきユダヤ人科学者として、マイトナーも該当者《がいとうしゃ》に入れた。戦後、連合国により大学名誉《めいよ》教授の職から追放されたが、ユダヤ人に対する嫌悪《けんお》と暴力を積極的にあおった役割については告発されることがなかった。

アーネスト・ローレンス(一九〇一年八月八日〜一九五八年八月二七日)

アメリカ人物理学者。サイクロトロンを発明し、一九三九年にノーベル物理学賞を受賞。マンハッタン計画にたずさわる。エドワード・テラーとともにローレンス・リバモア国立研究所を創立。

参考文献

David C. Cassidy (2017). *Farm Hall and the German Atomic Project of World War II: A Dramatic History*. Springer, Cham, Switzerland.

Charles S. Chiu (2008). *Women in the Shadows*. Peter Lang, New York.

Deborah Crawford (1969). *Lise Meitner, Atomic Pioneer*. Crown, New York.

Sir Charles Frank (ed.) (1993). *Operation Epsilon: The Farm Hall Transcripts*. University of California Press, Berkeley.

Arnold Kramish (1986). *The Griffin: The Greatest Untold Espionage Story of World War II*. Houghton Mifflin, Boston. ［邦訳］新庄哲夫訳『暗号名グリフィン――第二次大戦の最も偉大なスパイ』(新潮文庫、１９９２)

Lise Meitner (1964). "Lise Meitner Looks Back." *Bulletin of the Atomic Scientists* 20, no. 9, 2-7.

——(1960). "The Status of Women in the Professions." *Physics Today* 13, no. 8, 16-21.

Patricia Rife (1999). *Lise Meitner and the Dawn of the Nuclear Age*. Birkhäuser, Boston.

Ruth Lewin Sime (1996). *Lise Meitner: A Life in Physics*. University of California Press, Berkeley. ［邦訳］米沢富美子監修、鈴木淑美訳『リーゼ・マイトナー——嵐の時代を生き抜いた女性科学者』(シュプリンガー・フェアラーク東京、２００４)

写真出典

二一九ページ　"Nuclear Fission Deutsches Museum" via brewbooks/Flickr, licensed under CC BY-SA 2.0.

二二〇〜二二一ページ　From AIP Emilio Segrè Visual Archives.

二二三ページ　The Papers of Lise Meitner, MTNR 8/5/1; photograph of Lise Meitner in winter garden, Vienna, 1899, Churchill Archives Centre.

二二五ページ　From the Archives of the Max Planck Society, Berlin.

二二六ページ　From the Archives of the Max Planck Society, Berlin.

二二八ページ　Heka Davis, Nuclear Regulatory Commission Archive, Library of Congress.

二三四ページ　From the Archives of the Max Planck Society, Berlin.

二三七ページ　Digital Photo Archive, Department of Energy（DOE）, courtesy of AIP Emilio Segrè Visual Archives.

二三九ページ　The Papers of Lise Meitner, MTNR 8/4/14; photograph of Lise Meitner at a blackboard, 1949, Churchill Archives Centre.

謝辞

まず、核《かく》科学のとげだらけのやぶの中でわたしを導《みちび》いてくれた、友人の核物理学者ウォーレン・ヘックロットに感謝します。また、完成した原稿《げんこう》を快《こころよ》く読み、科学的な記述や概念《がいねん》を明確にしてくれたライス大学の物理学博士課程の学生、エイサ・スタールにも感謝します。

多くの作家がそうであるように、わたしは自分の書いたものを読んで批評《ひひょう》してくれる作家仲間をたよりにしています。ジェニファー・チョルデンコ、ダイアン・フレイザー、エリザベス・パートリッジ、エミリー・ポルスビー、パメラ・ターナーの洞察《どうさつ》に満ちたコメントに大いに助けてもらいました。同じく作家仲間のジョーン・レスターにも、何度も推敲《すいこう》して何度も見てもらいました。本を世に送り出すにはほんとうに多くの人の協力が必要で、わたしにはそういう人たちがいてくれて幸運でした。

マリッサ・モス
アメリカの児童文学作家。子どもの日常を絵日記形式でつづった*Amelia's Notebook*シリーズほか、日系人収容所を舞台にした*Barbed Wire Baseball*など、近年は歴史上の人物や出来事に取材したノンフィクション作品も数多く発表している。

中井川玲子
国際基督教大学卒。ミネソタ大学社会学部修士課程修了。訳書に『この海を越えれば、わたしは』『その年、わたしは嘘をおぼえた』(以上中井はるのとの共訳、さ・え・ら書房)、『Arithmetic 数の物語』(坂井公監訳、ニュートンプレス)などがある。

リーゼ・マイトナー
核分裂を発見した女性科学者　　マリッサ・モス

2024年3月26日　第1刷発行

訳　者　中《なか》井《い》川《がわ》玲《れい》子《こ》

発行者　坂本政謙

発行所　株式会社 岩波書店
〒101-8002 東京都千代田区一ツ橋2-5-5
電話案内 03-5210-4000
https://www.iwanami.co.jp/

印刷・三秀舎　製本・中永製本

ISBN 978-4-00-116050-5　Printed in Japan
NDC 933　262 p.　19 cm